StGB

Leipziger Kommentar
Großkommentar

11., neubearbeitete Auflage

Herausgegeben von
Burkhard Jähnke, Heinrich Wilhelm Laufhütte und
Walter Odersky

50. Lieferung:
Titeleien der Bände 3 und 9; § 356

Bearbeiter:
Ferdinand Gillmeister

2006
Walter de Gruyter · Berlin · New York

Um in der Erscheinungsweise nicht festgelegt zu sein und auf diese Weise Bedürfnissen der Praxis besser gerecht werden zu können, wird darauf verzichtet, die Bände durchgehend zu paginieren. Durch Verwendung der Randnummern sind Seitenzahlen – vor allem für das Zitieren – entbehrlich.
Die einzelnen Lieferungen werden in der Reihenfolge des Erscheinens durchnummeriert; die Folge wird also von derjenigen des Gesamtwerks abweichen. Sobald ein Band vollständig ist, werden jeweils Einbanddecken geliefert.

Der Verlag

Erscheinungsdatum: August 2006
ISBN 978-3-89949-172-2
eISBN 978-3-11-027822-4

Printed in Germany.

Anweisung an den Buchbinder

Leipziger Kommentar, Großkommentar zum StGB, 11. Auflage
Band 3: §§ 61 bis 79b StGB

Band 3 besteht aus folgenden Teilen:

Bandtitelei für Band 3	(vorne in Lieferung 50)	Seite (I) – (VIII)
§§ 61–67	(2. Lieferung)	Seite (1) – (239)
§§ 68–68g	(6. Lieferung)	Seite (1) – (87)
§§ 69–72	(23. Lieferung)	Seite (1) – (272)
§§ 73–76a	(34. Lieferung)	Seite (1) – (162)
§§ 77–79b	(17. Lieferung)	Seite (1) – (139)

Die Bandtitelei befindet sich vorn eingeheftet in Lieferung 50.

DE GRUYTER RECHT · BERLIN

Anweisung an den Buchbinder

Leipziger Kommentar, Großkommentar zum StGB, 11. Auflage
Band 9: §§ 339–358 StGB; Nachtrag zum StGB; Gesamtregister

Band 9 besteht aus folgenden Teilen:

Bandtitelei für Band 9	(vorne in Lieferung 50)	Seite (I) – (VIII)
§§ 339–345	(30. Lieferung)	Seite (1) – (97)
§§ 348–355	(47. Lieferung)	Seite (1) – (120)
§ 356	(50. Lieferung)	Seite (1) – (54)
§§ 357, 358	(47. Lieferung)	Seite (1) – (6)
Nachtrag zum StGB	(38. Lieferung)	Seite (1) – (196)
Gesamtregister	(49. Lieferung)	Seite (1) – (331)

Die Bandtitelei befindet sich vorn eingeheftet in Lieferung 50.
Die 47. Lieferung muss zum Aufbinden auseinander genommen werden, und die Partien werden an den entsprechenden Stellen eingebunden.

DE GRUYTER RECHT · BERLIN

Großkommentare der Praxis

W
DE
G
RECHT

Strafgesetzbuch

Leipziger Kommentar

Großkommentar

11., neu bearbeitete Auflage

herausgegeben von

Burkhard Jähnke
Heinrich Wilhelm Laufhütte
Walter Odersky

Dritter Band

§§ 61 bis 79b

Bearbeiter:

§§ 61–67: Ernst-Walter Hanack
§§ 68–68g: Ernst-Walter Hanack
§§ 69, 69a, 69b: Klaus Geppert
§§ 70–72: Ernst-Walter Hanack
§§ 73–76a: Wilhelm Schmidt
§§ 77–79b: Burkhard Jähnke

W DE G RECHT

De Gruyter Recht · Berlin

Erscheinungsdaten der Lieferungen:

§§ 61–67	(2. Lieferung):	September 1992
§§ 68–68g	(6. Lieferung):	Februar 1993
§§ 69–72	(23. Lieferung):	Oktober 1996
§§ 73–76a	(34. Lieferung):	September 2000
§§ 77–79b	(17. Lieferung):	September 1994

Im vorliegenden Band fehlt die aktuelle Kommentierung der §§ 67a–g StGB. Bedauerlicherweise ist es vor dem Abschluss der jetzt beendeten 11. Auflage des Leipziger Kommentars nicht mehr gelungen, die Kommentierung dieser Partie aus der 10. Auflage auf den aktuellsten Stand zu bringen. Eine vollständige Neubearbeitung der Erläuterungen zum Recht der freiheitsentziehenden Maßregeln wird es im 2007 erscheinenden Band III der 12. Auflage des Leipziger Kommentars geben.

Berlin, im Mai 2006 Der Verlag

ISBN-13: 978-3-89949-300-9
ISBN-10: 3-89949-300-1

Bibliografische Information Der Deutschen Bibliothek

Die Deutsche Bibliothek verzeichnet diese Publikation in der Deutschen Nationalbibliografie; detaillierte bibliografische Daten sind im Internet über http://dnb.ddb.de abrufbar.

Datenkonvertierung/Satz: WERKSATZ Schmidt & Schulz GmbH, 06773 Gräfenhainichen
Druck: Druckerei H. Heenemann GmbH, 12103 Berlin
Bindearbeiten: Bruno Helm Buchbinderei, Berlin
Printed in Germany

Verzeichnis der Bearbeiter der 11. Auflage

Dr. **Dietlinde Albrecht**, Halle/Saale

Gerhard Altvater, Bundesanwalt beim Bundesgerichtshof, Berlin

Dr. **Georg Bauer**, Oberstaatsanwalt beim Bundesgerichtshof, Leipzig (Nachtrag)

Dr. **Eckhart von Bubnoff**, Vorsitzender Richter am Oberlandesgericht Karlsruhe a.D.

Dr. **Karlhans Dippel**, Vorsitzender Richter am Oberlandesgericht Frankfurt a.D.

Dr. **Klaus Geppert**, Universitätsprofessor an der Freien Universität Berlin

Dr. **Ferdinand Gillmeister**, Rechtsanwalt in Freiburg i.Br.

Duscha Gmel, Richterin am Oberlandesgericht Dresden (Nachtrag)

Dr. **Günter Gribbohm**, Vorsitzender Richter am Bundesgerichtshof a.D., Karlsruhe

Joachim Häger, Richter am Bundesgerichtshof, Leipzig

Dr. **Ernst-Walter Hanack**, em. Universitätsprofessor an der Universität Mainz

Gerhard Herdegen, Vorsitzender Richter am Bundesgerichtshof a.D., Karlsruhe

Dr. Dr. **Eric Hilgendorf**, Universitätsprofessor an der Universität Würzburg

Dr. Dr. h.c. **Thomas Hillenkamp**, Universitätsprofessor an der Universität Heidelberg

Dr. **Günter Hirsch**, Präsident des Bundesgerichtshofes, Karlsruhe, Richter am Gerichtshof der Europäischen Gemeinschaften a.D., Luxemburg, Honorarprofessor an der Universität des Saarlandes

Dr. Dr. h.c. mult. **Hans Joachim Hirsch**, em. Universitätsprofessor an der Universität zu Köln

Dr. **Hartmuth Horstkotte**, Richter am Bundesgerichtshof a.D., Berlin, Honorarprofessor an der Freien Universität Berlin

Dr. **Burkhard Jähnke**, Vizepräsident des Bundesgerichtshofes i.R., Karlsruhe

Dr. Dr. h.c. mult. **Hans-Heinrich Jescheck**, em. Universitätsprofessor an der Universität Freiburg i.Br.

Dr. **Peter König**, Ministerialrat im Bayerischen Staatsministerium der Justiz, München, Vorsitzender Richter am Landgericht München a.D.

Perdita Kröger, Regierungsdirektorin im Bundesministerium der Justiz, Berlin

Annette Kuschel, Richterin am Landgericht Leipzig (Nachtrag)

Heinrich Wilhelm Laufhütte, Vorsitzender Richter am Bundesgerichtshof a.D., Berlin

Dr. **Hans Lilie**, Universitätsprofessor an der Martin-Luther-Universität Halle-Wittenberg, Richter am Landgericht Halle/Saale

Dr. **Walter Odersky**, Präsident des Bundesgerichtshofes i.R., Karlsruhe, Honorarprofessor an der Ludwig-Maximilians-Universität München

Dr. **Ruth Rissing-van Saan**, Vorsitzende Richterin am Bundesgerichtshof, Karlsruhe

Ellen Roggenbuck, Richterin am Bundesgerichtshof, Karlsruhe (Nachtrag)

Dr. Dr. h.c. mult. **Claus Roxin**, em. Universitätsprofessor an der Ludwig-Maximilians-Universität München

Dr. **Wolfgang Ruß**, Vorsitzender Richter am Bundesgerichtshof a.D., Karlsruhe

Wilhelm Schluckebier, Richter am Bundesgerichtshof, Karlsruhe

Dr. **Wilhelm Schmidt**, Oberstaatsanwalt beim Bundesgerichtshof, Leipzig

Dr. Dr. h.c. **Friedrich-Christian Schroeder**, Universitätsprofessor an der Universität Regensburg

Verzeichnis der Bearbeiter der 11. Auflage

Dr. **Bernd Schünemann**, Universitätsprofessor an der Ludwig-Maximilians-Universität München

Dr. **Christoph Sowada**, Universitätsprofessor an der Universität Rostock

Dr. **Günter Spendel**, em. Universitätsprofessor an der Universität Würzburg

Dr. **Joachim Steindorf**, Richter am Bundesgerichtshof a.D., Bad Kreuznach

Dr. Dr. h.c. mult. **Klaus Tiedemann**, em. Universitätsprofessor an der Universität Freiburg i.Br.

Dr. **Klaus Tolksdorf**, Vorsitzender Richter am Bundesgerichtshof, Karlsruhe, Honorarprofessor an der Westfälischen Wilhelms-Universität Münster

Ernst Träger, Richter am Bundesverfassungsgericht a.D., Karlsruhe

Hagen Wolff, Vorsitzender Richter am Oberlandesgericht a.D., Celle

Inhaltsübersicht

ALLGEMEINER TEIL

SECHSTER TITEL

Maßregeln der Besserung und Sicherung

SIEBENTER TITEL

Verfall und Einziehung

Großkommentare der Praxis

W DE G RECHT

Strafgesetzbuch

Leipziger Kommentar

Großkommentar

11., neu bearbeitete Auflage

herausgegeben von

Burkhard Jähnke
Heinrich Wilhelm Laufhütte
Walter Odersky

Neunter Band

§§ 339 bis 358; Nachtrag zum StGB; Gesamtregister

Bearbeiter:

§ 339: Günter Spendel
§ 340: Hans Joachim Hirsch
§§ 343–345: Hans-Heinrich Jescheck
§ 348: Günter Gribbohm
§§ 352–355: Ernst Träger
§ 356: Ferdinand Gillmeister
§§ 357, 358: Hans-Heinrich Jescheck
Nachtrag zum StGB: diverse Autoren
Gesamtregister: Petra Schäfter

W DE G
RECHT

De Gruyter Recht · Berlin

Erscheinungsdaten der Lieferungen:

§§ 339–345	(30. Lieferung):	Juni 1999
§§ 348–355	(47. Lieferung):	Juli 2004
§ 356	(50. Lieferung):	Juli 2006
§§ 357, 358	(47. Lieferung):	Juli 2004
Nachtrag zum StGB	(38. Lieferung):	Mai 2001
Gesamtregister	(49. Lieferung):	November 2005

ISBN-13: 978-3-89949-309-2
ISBN-10: 3-89949-309-5

Bibliografische Information Der Deutschen Bibliothek

Die Deutsche Bibliothek verzeichnet diese Publikation in der Deutschen Nationalbibliografie; detaillierte bibliografische Daten sind im Internet über http://dnb.ddb.de abrufbar.

Datenkonvertierung/Satz: WERKSATZ Schmidt & Schulz GmbH, 06773 Gräfenhainichen
Druck: Druckerei H. Heenemann GmbH, 12103 Berlin
Bindearbeiten: Bruno Helm Buchbinderei, Berlin
Printed in Germany

Verzeichnis der Bearbeiter der 11. Auflage

Dr. **Dietlinde Albrecht**, Halle/Saale

Gerhard Altvater, Bundesanwalt beim Bundesgerichtshof, Berlin

Dr. **Georg Bauer**, Oberstaatsanwalt beim Bundesgerichtshof, Leipzig (Nachtrag)

Dr. **Eckhart von Bubnoff**, Vorsitzender Richter am Oberlandesgericht Karlsruhe a.D.

Dr. **Karlhans Dippel**, Vorsitzender Richter am Oberlandesgericht Frankfurt a.D.

Dr. **Klaus Geppert**, Universitätsprofessor an der Freien Universität Berlin

Dr. **Ferdinand Gillmeister**, Rechtsanwalt in Freiburg i.Br.

Duscha Gmel, Richterin am Oberlandesgericht Dresden (Nachtrag)

Dr. **Günter Gribbohm**, Vorsitzender Richter am Bundesgerichtshof a.D., Karlsruhe

Joachim Häger, Richter am Bundesgerichtshof, Leipzig

Dr. **Ernst-Walter Hanack**, em. Universitätsprofessor an der Universität Mainz

Gerhard Herdegen, Vorsitzender Richter am Bundesgerichtshof a.D., Karlsruhe

Dr. Dr. **Eric Hilgendorf**, Universitätsprofessor an der Universität Würzburg

Dr. Dr. h.c. **Thomas Hillenkamp**, Universitätsprofessor an der Universität Heidelberg

Dr. **Günter Hirsch**, Präsident des Bundesgerichtshofes, Karlsruhe, Richter am Gerichtshof der Europäischen Gemeinschaften a.D., Luxemburg, Honorarprofessor an der Universität des Saarlandes

Dr. Dr. h.c. mult. **Hans Joachim Hirsch**, em. Universitätsprofessor an der Universität zu Köln

Dr. **Hartmuth Horstkotte**, Richter am Bundesgerichtshof a.D., Berlin, Honorarprofessor an der Freien Universität Berlin

Dr. **Burkhard Jähnke**, Vizepräsident des Bundesgerichtshofes i.R., Karlsruhe

Dr. Dr. h.c. mult. **Hans-Heinrich Jescheck**, em. Universitätsprofessor an der Universität Freiburg i.Br.

Dr. **Peter König**, Ministerialrat im Bayerischen Staatsministerium der Justiz, München, Vorsitzender Richter am Landgericht München a.D.

Perdita Kröger, Regierungsdirektorin im Bundesministerium der Justiz, Berlin

Annette Kuschel, Richterin am Landgericht Leipzig (Nachtrag)

Heinrich Wilhelm Laufhütte, Vorsitzender Richter am Bundesgerichtshof a.D., Berlin

Dr. **Hans Lilie**, Universitätsprofessor an der Martin-Luther-Universität Halle-Wittenberg, Richter am Landgericht Halle/Saale

Dr. **Walter Odersky**, Präsident des Bundesgerichtshofes i.R., Karlsruhe, Honorarprofessor an der Ludwig-Maximilians-Universität München

Dr. **Ruth Rissing-van Saan**, Vorsitzende Richterin am Bundesgerichtshof, Karlsruhe

Ellen Roggenbuck, Richterin am Bundesgerichtshof, Karlsruhe (Nachtrag)

Dr. Dr. h.c. mult. **Claus Roxin**, em. Universitätsprofessor an der Ludwig-Maximilians-Universität München

Dr. **Wolfgang Ruß**, Vorsitzender Richter am Bundesgerichtshof a.D., Karlsruhe

Wilhelm Schluckebier, Richter am Bundesgerichtshof, Karlsruhe

Dr. **Wilhelm Schmidt**, Oberstaatsanwalt beim Bundesgerichtshof, Leipzig

Dr. Dr. h.c. **Friedrich-Christian Schroeder**, Universitätsprofessor an der Universität Regensburg

Verzeichnis der Bearbeiter der 11. Auflage

Dr. **Bernd Schünemann**, Universitätsprofessor an der Ludwig-Maximilians-Universität München

Dr. **Christoph Sowada**, Universitätsprofessor an der Universität Rostock

Dr. **Günter Spendel**, em. Universitätsprofessor an der Universität Würzburg

Dr. **Joachim Steindorf**, Richter am Bundesgerichtshof a.D., Bad Kreuznach

Dr. Dr. h.c. mult. **Klaus Tiedemann**, em. Universitätsprofessor an der Universität Freiburg i.Br.

Dr. **Klaus Tolksdorf**, Vorsitzender Richter am Bundesgerichtshof, Karlsruhe, Honorarprofessor an der Westfälischen Wilhelms-Universität Münster

Ernst Träger, Richter am Bundesverfassungsgericht a.D., Karlsruhe

Hagen Wolff, Vorsitzender Richter am Oberlandesgericht a.D., Celle

Inhaltsübersicht

BESONDERER TEIL

Großkommentare der Praxis

W DE G
RECHT

Strafgesetzbuch

Leipziger Kommentar

Großkommentar

11., neu bearbeitete Auflage

herausgegeben von

Burkhard Jähnke

Heinrich Wilhelm Laufhütte

Walter Odersky

Dritter Band

§§ 61 bis 79b

Bearbeiter:

§§ 61–67: Ernst-Walter Hanack
§§ 68–68g: Ernst-Walter Hanack
§§ 69, 69a, 69b: Klaus Geppert
§§ 70–72: Ernst-Walter Hanack
§§ 73–76a: Wilhelm Schmidt
§§ 77–79b: Burkhard Jähnke

RECHT

De Gruyter Recht · Berlin

Erscheinungsdaten der Lieferungen:

§§ 61–67	(2. Lieferung):	September 1992
§§ 68–68g	(6. Lieferung):	Februar 1993
§§ 69–72	(23. Lieferung):	Oktober 1996
§§ 73–76a	(34. Lieferung):	September 2000
§§ 77–79b	(17. Lieferung):	September 1994

Im vorliegenden Band fehlt die aktuelle Kommentierung der §§ 67a–g StGB. Bedauerlicherweise ist es vor dem Abschluss der jetzt beendeten 11. Auflage des Leipziger Kommentars nicht mehr gelungen, die Kommentierung dieser Partie aus der 10. Auflage auf den aktuellsten Stand zu bringen. Eine vollständige Neubearbeitung der Erläuterungen zum Recht der freiheitsentziehenden Maßregeln wird es im 2007 erscheinenden Band III der 12. Auflage des Leipziger Kommentars geben.

Berlin, im Mai 2006

Der Verlag

ISBN-13: 978-3-89949-300-9
ISBN-10: 3-89949-300-1

Bibliografische Information Der Deutschen Bibliothek

Die Deutsche Bibliothek verzeichnet diese Publikation in der Deutschen Nationalbibliografie; detaillierte bibliografische Daten sind im Internet über http://dnb.ddb.de abrufbar.

Datenkonvertierung/Satz: WERKSATZ Schmidt & Schulz GmbH, 06773 Gräfenhainichen
Druck: Druckerei H. Heenemann GmbH, 12103 Berlin
Bindearbeiten: Bruno Helm Buchbinderei, Berlin
Printed in Germany

Verzeichnis der Bearbeiter der 11. Auflage

Dr. **Dietlinde Albrecht**, Halle/Saale

Gerhard Altvater, Bundesanwalt beim Bundesgerichtshof, Berlin

Dr. **Georg Bauer**, Oberstaatsanwalt beim Bundesgerichtshof, Leipzig (Nachtrag)

Dr. **Eckhart von Bubnoff**, Vorsitzender Richter am Oberlandesgericht Karlsruhe a.D.

Dr. **Karlhans Dippel**, Vorsitzender Richter am Oberlandesgericht Frankfurt a.D.

Dr. **Klaus Geppert**, Universitätsprofessor an der Freien Universität Berlin

Dr. **Ferdinand Gillmeister**, Rechtsanwalt in Freiburg i.Br.

Duscha Gmel, Richterin am Oberlandesgericht Dresden (Nachtrag)

Dr. **Günter Gribbohm**, Vorsitzender Richter am Bundesgerichtshof a.D., Karlsruhe

Joachim Häger, Richter am Bundesgerichtshof, Leipzig

Dr. **Ernst-Walter Hanack**, em. Universitätsprofessor an der Universität Mainz

Gerhard Herdegen, Vorsitzender Richter am Bundesgerichtshof a.D., Karlsruhe

Dr. Dr. **Eric Hilgendorf**, Universitätsprofessor an der Universität Würzburg

Dr. Dr. h.c. **Thomas Hillenkamp**, Universitätsprofessor an der Universität Heidelberg

Dr. **Günter Hirsch**, Präsident des Bundesgerichtshofes, Karlsruhe, Richter am Gerichtshof der Europäischen Gemeinschaften a.D., Luxemburg, Honorarprofessor an der Universität des Saarlandes

Dr. Dr. h.c. mult. **Hans Joachim Hirsch**, em. Universitätsprofessor an der Universität zu Köln

Dr. **Hartmuth Horstkotte**, Richter am Bundesgerichtshof a.D., Berlin, Honorarprofessor an der Freien Universität Berlin

Dr. **Burkhard Jähnke**, Vizepräsident des Bundesgerichtshofes i.R., Karlsruhe

Dr. Dr. h.c. mult. **Hans-Heinrich Jescheck**, em. Universitätsprofessor an der Universität Freiburg i.Br.

Dr. **Peter König**, Ministerialrat im Bayerischen Staatsministerium der Justiz, München, Vorsitzender Richter am Landgericht München a.D.

Perdita Kröger, Regierungsdirektorin im Bundesministerium der Justiz, Berlin

Annette Kuschel, Richterin am Landgericht Leipzig (Nachtrag)

Heinrich Wilhelm Laufhütte, Vorsitzender Richter am Bundesgerichtshof a.D., Berlin

Dr. **Hans Lilie**, Universitätsprofessor an der Martin-Luther-Universität Halle-Wittenberg, Richter am Landgericht Halle/Saale

Dr. **Walter Odersky**, Präsident des Bundesgerichtshofes i.R., Karlsruhe, Honorarprofessor an der Ludwig-Maximilians-Universität München

Dr. **Ruth Rissing-van Saan**, Vorsitzende Richterin am Bundesgerichtshof, Karlsruhe

Ellen Roggenbuck, Richterin am Bundesgerichtshof, Karlsruhe (Nachtrag)

Dr. Dr. h.c. mult. **Claus Roxin**, em. Universitätsprofessor an der Ludwig-Maximilians-Universität München

Dr. **Wolfgang Ruß**, Vorsitzender Richter am Bundesgerichtshof a.D., Karlsruhe

Wilhelm Schluckebier, Richter am Bundesgerichtshof, Karlsruhe

Dr. **Wilhelm Schmidt**, Oberstaatsanwalt beim Bundesgerichtshof, Leipzig

Dr. Dr. h.c. **Friedrich-Christian Schroeder**, Universitätsprofessor an der Universität Regensburg

Verzeichnis der Bearbeiter der 11. Auflage

Dr. **Bernd Schünemann**, Universitätsprofessor an der Ludwig-Maximilians-Universität München

Dr. **Christoph Sowada**, Universitätsprofessor an der Universität Rostock

Dr. **Günter Spendel**, em. Universitätsprofessor an der Universität Würzburg

Dr. **Joachim Steindorf**, Richter am Bundesgerichtshof a.D., Bad Kreuznach

Dr. Dr. h.c. mult. **Klaus Tiedemann**, em. Universitätsprofessor an der Universität Freiburg i.Br.

Dr. **Klaus Tolksdorf**, Vorsitzender Richter am Bundesgerichtshof, Karlsruhe, Honorarprofessor an der Westfälischen Wilhelms-Universität Münster

Ernst Träger, Richter am Bundesverfassungsgericht a.D., Karlsruhe

Hagen Wolff, Vorsitzender Richter am Oberlandesgericht Celle

Inhaltsübersicht

ALLGEMEINER TEIL

SECHSTER TITEL

Maßregeln der Besserung und Sicherung

SIEBENTER TITEL

Verfall und Einziehung

Großkommentare der Praxis

RECHT

Strafgesetzbuch

Leipziger Kommentar

Großkommentar

11., neu bearbeitete Auflage

herausgegeben von

Burkhard Jähnke
Heinrich Wilhelm Laufhütte
Walter Odersky

Neunter Band

§§ 339 bis 358; Nachtrag zum StGB; Gesamtregister

Bearbeiter:

§ 339: Günter Spendel
§ 340: Hans Joachim Hirsch
§§ 343–345: Hans-Heinrich Jescheck
§ 348: Günter Gribbohm
§§ 352–355: Ernst Träger
§ 356: Ferdinand Gillmeister
§§ 357, 358: Hans-Heinrich Jescheck
Nachtrag zum StGB: diverse Autoren
Gesamtregister: Petra Schäfter

W DE G RECHT

De Gruyter Recht · Berlin

Erscheinungsdaten der Lieferungen:

§§ 339–345	(30. Lieferung):	Juni 1999
§§ 348–355	(47. Lieferung):	Juli 2004
§ 356	(50. Lieferung):	Juli 2006
§§ 357, 358	(47. Lieferung):	Juli 2004
Nachtrag zum StGB	(38. Lieferung):	Mai 2001
Gesamtregister	(49. Lieferung):	November 2005

ISBN-13: 978-3-89949-309-2
ISBN-10: 3-89949-309-5

Bibliografische Information Der Deutschen Bibliothek

Die Deutsche Bibliothek verzeichnet diese Publikation in der Deutschen Nationalbibliografie; detaillierte bibliografische Daten sind im Internet über http://dnb.ddb.de abrufbar.

Datenkonvertierung/Satz: WERKSATZ Schmidt & Schulz GmbH, 06773 Gräfenhainichen
Druck: Druckerei H. Heenemann GmbH, 12103 Berlin
Bindearbeiten: Bruno Helm Buchbinderei, Berlin
Printed in Germany

Verzeichnis der Bearbeiter der 11. Auflage

Dr. **Dietlinde Albrecht**, Halle/Saale

Gerhard Altvater, Bundesanwalt beim Bundesgerichtshof, Berlin

Dr. **Georg Bauer**, Oberstaatsanwalt beim Bundesgerichtshof, Leipzig (Nachtrag)

Dr. **Eckhart von Bubnoff**, Vorsitzender Richter am Oberlandesgericht Karlsruhe a.D.

Dr. **Karlhans Dippel**, Vorsitzender Richter am Oberlandesgericht Frankfurt a.D.

Dr. **Klaus Geppert**, Universitätsprofessor an der Freien Universität Berlin

Dr. **Ferdinand Gillmeister**, Rechtsanwalt in Freiburg i.Br.

Duscha Gmel, Richterin am Oberlandesgericht Dresden (Nachtrag)

Dr. **Günter Gribbohm**, Vorsitzender Richter am Bundesgerichtshof a.D., Karlsruhe

Joachim Häger, Richter am Bundesgerichtshof, Leipzig

Dr. **Ernst-Walter Hanack**, em. Universitätsprofessor an der Universität Mainz

Gerhard Herdegen, Vorsitzender Richter am Bundesgerichtshof a.D., Karlsruhe

Dr. Dr. **Eric Hilgendorf**, Universitätsprofessor an der Universität Würzburg

Dr. Dr. h.c. **Thomas Hillenkamp**, Universitätsprofessor an der Universität Heidelberg

Dr. **Günter Hirsch**, Präsident des Bundesgerichtshofes, Karlsruhe, Richter am Gerichtshof der Europäischen Gemeinschaften a.D., Luxemburg, Honorarprofessor an der Universität des Saarlandes

Dr. Dr. h.c. mult. **Hans Joachim Hirsch**, em. Universitätsprofessor an der Universität zu Köln

Dr. **Hartmuth Horstkotte**, Richter am Bundesgerichtshof a.D., Berlin, Honorarprofessor an der Freien Universität Berlin

Dr. **Burkhard Jähnke**, Vizepräsident des Bundesgerichtshofes i.R., Karlsruhe

Dr. Dr. h.c. mult. **Hans-Heinrich Jescheck**, em. Universitätsprofessor an der Universität Freiburg i.Br.

Dr. **Peter König**, Ministerialrat im Bayerischen Staatsministerium der Justiz, München, Vorsitzender Richter am Landgericht München a.D.

Perdita Kröger, Regierungsdirektorin im Bundesministerium der Justiz, Berlin

Annette Kuschel, Richterin am Landgericht Leipzig (Nachtrag)

Heinrich Wilhelm Laufhütte, Vorsitzender Richter am Bundesgerichtshof a.D., Berlin

Dr. **Hans Lilie**, Universitätsprofessor an der Martin-Luther-Universität Halle-Wittenberg, Richter am Landgericht Halle/Saale

Dr. **Walter Odersky**, Präsident des Bundesgerichtshofes i.R., Karlsruhe, Honorarprofessor an der Ludwig-Maximilians-Universität München

Dr. **Ruth Rissing-van Saan**, Vorsitzende Richterin am Bundesgerichtshof, Karlsruhe

Ellen Roggenbuck, Richterin am Bundesgerichtshof, Karlsruhe (Nachtrag)

Dr. Dr. h.c. mult. **Claus Roxin**, em. Universitätsprofessor an der Ludwig-Maximilians-Universität München

Dr. **Wolfgang Ruß**, Vorsitzender Richter am Bundesgerichtshof a.D., Karlsruhe

Wilhelm Schluckebier, Richter am Bundesgerichtshof, Karlsruhe

Dr. **Wilhelm Schmidt**, Oberstaatsanwalt beim Bundesgerichtshof, Leipzig

Dr. Dr. h.c. **Friedrich-Christian Schroeder**, Universitätsprofessor an der Universität Regensburg

Verzeichnis der Bearbeiter der 11. Auflage

Dr. **Bernd Schünemann**, Universitätsprofessor an der Ludwig-Maximilians-Universität München

Dr. **Christoph Sowada**, Universitätsprofessor an der Universität Rostock

Dr. **Günter Spendel**, em. Universitätsprofessor an der Universität Würzburg

Dr. **Joachim Steindorf**, Richter am Bundesgerichtshof a.D., Bad Kreuznach

Dr. Dr. h.c. mult. **Klaus Tiedemann**, em. Universitätsprofessor an der Universität Freiburg i.Br.

Dr. **Klaus Tolksdorf**, Vorsitzender Richter am Bundesgerichtshof, Karlsruhe, Honorarprofessor an der Westfälischen Wilhelms-Universität Münster

Ernst Träger, Richter am Bundesverfassungsgericht a.D., Karlsruhe

Hagen Wolff, Vorsitzender Richter am Oberlandesgericht Celle

Inhaltsübersicht

BESONDERER TEIL

Hinweis

Die 50. Lieferung enthält die Kommentierung des § 356 StGB. Dieser vorangestellt sind die Titeleien der Bände 3 und 9, die mit rosa Trennblättern voneinander abgegrenzt werden. Die rosa Trennblätter enthalten Hinweise für den Bezieher bzw. den Buchbinder, die helfen sollen, die richtige Reihenfolge beim Aufbinden einzuhalten.

1. rosa Trennblatt
Titelei Band 3: §§ 61 bis 79b StGB

2. rosa Trennblatt
Titelei Band 9: §§ 339 bis 358 StGB; Nachtrag zum StGB; Gesamtregister

3. rosa Trennblatt
Kommentierung des § 356 StGB

Dem 1. rosa Trennblatt folgt die Titelei für Band 3 mit den Seiten (I) bis (VIII).

Der Verlag

Hinweis

Dem 2. rosa Trennblatt folgt die Titelei für Band 9 mit den Seiten (I) bis (VIII).

Der Verlag

Hinweis

Dem 3. rosa Trennblatt folgt die Kommentierung des § 356 StGB mit den Seiten (1) bis (54).

Der Verlag

§ 356
Parteiverrat

(1) Ein Anwalt oder ein anderer Rechtsbeistand, welcher bei den ihm in dieser Eigenschaft anvertrauten Angelegenheiten in derselben Rechtssache beiden Parteien durch Rat oder Beistand pflichtwidrig dient, wird mit Freiheitsstrafe von drei Monaten bis zu fünf Jahren bestraft.

(2) Handelt derselbe im Einverständnis mit der Gegenpartei zum Nachteil seiner Partei, so tritt Freiheitsstrafe von einem Jahr bis zu fünf Jahren ein.

Schrifttum

I. Geschichtliches

Döhring Geschichte der deutschen Rechtspflege seit 1500 (1953); *Draheim* Untreue und Unterschlagung, Strafr. Abh. Heft **39** (1901); *Heinrich* 100 Jahre Rechtsanwaltskammer München (1979); *Kaspers* Vom Sachsenspiegel zum Code Napoléon[2] (1965), darin: *Manstetten* Entwicklung und Geschichte des Anwaltsstandes = (ungekürzt und abgewandelt) Die gesellschaftliche Geltung des Anwaltstandes im historischen Abriss, Festschr. Zum 75jährigen Bestehen des Kölner Anwaltvereins (1962); *Schmidt-Thomé* Das Notariat; *Kausch* Die Entwicklung des Falsum von der Carolina bis zur Partikulargesetzgebung der Aufklärung. Diss. Göttingen 1971; *Klefisch* Der Parteiverrat im Amtlichen Entwurf 1925, LZ **1926** 777; *Kneer* Der Rechtsanwalt (1928); *Mannkopf* Allgemeine Gerichtsordnung für die Preußischen Staaten (1837/38); *Mommsen* Römisches Strafrecht (1899); *Ostler* Die deutschen Rechtsanwälte 1871–1971 (1971), zitiert *Ostler* (1971); *Ostler* 100 Jahre Rechtsanwaltsordnung, NJW **1979** 1959; *Rheinische Notarkammer* Zur Geschichte des Notariats im Rheinland und in Altpreußen (1958); *Seelig* Der Übergang der Hamburgischen Advokaten und Prokuratoren in die Rechtsanwaltschaft am 1.10.1879 (1979); *Stock* Entwicklung und Wesen der Amtsverbrechen (1932); *Weiske* Rechtslexikon für Juristen aller teutschen Staaten (1844 ff), darin: *Bopp* Notar, Notariat (Bd. 7); *Buddeus* Amtsverbrechen (Bd. 1); Gans Advokat (Bd. 1); Schwarze Prävarikation (Bd. 8); Weissler Geschichte der Rechtsanwaltschaft (1905), zitiert: *Weissler* Geschichte; *Weissler* Die Umbildung der Anwaltschaft unter Friedrich dem Großen (1892), zitiert *Weissler* Umbildung.

II. Strafrechtliches/Berufsrechtliches

Aigner Der Tatbestandskomplex „Dieselbe Rechtssache" im Straf- (§ 356 StGB) und standesrechtlichen (§ 45 Nr. 2 BRAO) Parteiverrat – eine Leerformel? (1994) (zit.: *Aigner* Dieselbe Rechtssache); *Arzt/Weber* Strafrecht Besonderer Teil (2000); *Baier* Parteiverrat (§ 356 StGB) bei Verknüpfung strafrechtlicher und gesellschaftsrechtlicher Mandate, wistra **2001** 401; *Bauer* Kollisionsgefahr in KFZ-Haftpflichtprozessen, NJW **1970** 313; *Baumann/Pfohl* § 356 StGB, Sicherheit des Mandanten oder Kostentreibung? – BayObLG, NJW **1981** 832, JuS **1983** 24; *Behrendt/Felix* Die Aufgaben, Rechte und Pflichten der Steuerbevollmächtigten als Verteidiger im Steuerstrafverfahren, in: Bundeskammer der Steuerbevollmächtigten, Steuerstrafrecht und Steuerordnungswidrigkeiten (1968); *Bernsmann* Zur Stellung des Strafverteidigers im deutschen Strafverfahren, StraFo **1999** 226; *Beulke* Der Verteidiger im Strafverfahren: Funktionen und Rechtsstellung (1980); *ders.* Die Strafbarkeit des Verteidigers (1989); *Birkenstock* Zur psychologischen Dialektik und zur Zulässigkeit der Strafverteidigung eines Beschuldigten durch seinen ständigen Berater in Wirtschafts- und Steuerstrafverfahren, wistra **2002** 47; *Blei* Strafrecht II, Besonderer Teil 12. Aufl. (1983) (zit.: *Blei* BT Bd. 2[12]); *Bohrer* Das Berufsrecht der Notare (1991); *Braun* Die Absprache im Strafverfahren, AnwBl. **1998** 567; *Brauns* Anmerkung zu BGH, Urteil vom 21.7.99 – 2 StR 24/99 = BGHSt **45** 148 = JR **2000** 519, in: JR **2000** 521; *Brei* Grenzen zulässigen Verteidigerverhaltens (1991); *v. Briel* Strafbarkeitsrisiko des beratenden Rechtsanwalts, StraFo **1997** 71; *Brüssow/Gatzweiler/Krekeler/Mehle* Strafverteidigung in der Praxis, Bd. 1, 2. Aufl. (2000); *Busch* Über die Abgrenzung von Tatbestands- und Verbotsirrtum, FS Mezger (1954) 165; *Cüppers* Parteiverrat (§ 356 StGB), NJW **1947/48** 4; *Dahs* Einführung, in: *O. Geppert* Der strafrechtliche Parteiverrat (1961) 13; *Dahs* Anmerkung zu OLG Stuttgart, Urt. v. 14.11. 1985 – 4 Ss 609/85 = JR **1986** 348, in: JR **1986** 349; *ders.* Zum Parteiverrat und zur Schweige- und Treupflicht des Rechtsanwalts (Anm. zu BGH, Urt. v. 7.10.1986 – 1 StR 519/86 (BGHSt **34** 190) = JR **1987** 475), JR **1987** 476; *ders.* Absprachen im Strafprozess – Chancen und Risiken, NStZ **1988** 153; *ders.* Parteiverrat im Strafprozess, NStZ **1991** 561; *ders.* Angeklagter und „verdächtiger Zeuge" – Parteien im Strafprozess (§ 356), NStZ **1995** 16; *ders.* Anm. zu BGH, Urt. v. 21.7.1999 – 2 StR 24/99 = BGHSt. 45, 148 = NStZ **2000** 369, in: NStZ **2000** 371; *ders.* Handbuch des Strafverteidigers 7. Aufl. (2005) (zit.: *Dahs* Handbuch[7]); *ders.* Münchener Kommentar zum StGB (ersch. vorauss. 2006); *Dingfelder/Friedrich* Parteiverrat und Standesrecht (1987); *Dreher* Besprechung zum Leipziger Kommentar 9. Aufl., MDR **1972** 643; *Eisenberg* Jugendgerichtsgesetz, Kommentar 11. Aufl. (2006) (zit.: *Eisenberg* JGG[11]); *Erb* Tendenz zur Entkriminalisierung: Parteiverrat und anwaltliche Beratung bei „einverständlichen" Ehescheidungen, NJW **2003** 730; *ders.* Parteiverrat (2005); *Eylmann* Die Interessenkollision im Strafverfahren, StraFo **1998** 145 = AnwBl. **1998** 359; *Feuerich/Weyland* Bundesrechtsanwaltsordnung, Kommentar 6. Aufl. (2003) (zit.: *Feuerich/Weyland* BRAO[6]); *Flore/Dörn/Gillmeister* Steuerfahndung und Steuerstrafverfahren 2. Aufl. (1999) (zit.: *Flore/Dörn/Gillmeister* Steuerfahndung[2]); *Fries* Doppelvertretung und Kollision (Parteiverrat) des § 356 des Strafgesetzbuchs (1952); *Früh* Die strafbaren Pflichtverletzungen des Rechtsanwalts gegenüber seinem Klienten (1910) (zit.: *Früh* Pflichtverletzung); *Gatzweiler* Anm. zu OLG Stuttgart, Urt. v. 14.11.1985 – 4 Ss 609/85 = NStZ **1986** 412, in: NStZ **1986** 413; *ders.* Möglichkeiten und Risiken einer effizienten Strafverteidigung, StraFo **2001** 187; *K. Geppert* Zum tatbestandlichen Anwendungsbereich des strafbaren Parteiverrats, JK **80** StGB § 356/1; *ders.* Anm. zu OLG Stuttgart, Beschl. v. 25.4.1990 – 2 Ws 2/90 = NStZ **1990** 542, in: NStZ **1990** 542; *ders.* Parteiverrat auch bei einverständlicher Scheidung? Zum tatbestandlichen Anwendungsbereich eines schwierigen Straftatbestandes, JK **03** StGB § 356/6; *O. Geppert* Strafverteidigung und Parteiverrat, NJW **1958** 1959; *ders.* Parteiverrat und Anwaltssozietät, MDR **1959** 133; *ders.* Der strafrechtliche Parteiverrat bei der Vertretung gemeinsamer Interessen, MDR **1959** 161; *ders.* Vorsatz und Irrtum beim strafrechtlichen Parteiverrat, MDR **1960** 623; *ders.* Der Täterkreis beim strafrechtlichen Parteiverrat, NJW **1960** 1043; *ders.* Der strafrechtliche Parteiverrat (1961); *Goltdammer* Die Materialien zum Straf-Gesetzbuche für die Preußischen Staaten, Theil II (1852); *Gropp* Deliktstypen mit Sonderbeteiligung (1992); *Grüner* Rezension: Der Parteiverrat des Strafverteidigers von Gerald Prinz, 1999, in: GA **2001** 149; *Haferland* Die strafrechtliche Verantwortlichkeit des Verteidigers (1929); *Haffke* Legalität von Mediation im deutschen Rechtsraum, in: *Duss-von Werdt/Mähler/Mähler* Mediation: die andere Scheidung (1995), S. 65; *Haft/Schlieffen* Handbuch Mediation (2002); *Hammerstein* Verteidigung wider besseres Wissen, NStZ **1997** 12; *Hartl* Die Irrtumsproblematik bei § 356 StGB (1962); *Hartmann* Die Problematik des Parteiverrats im Zusammenhang mit überörtlichen Anwaltssozietäten unter besonderer Betrachtung von Strafverfahren, JR **2000** 51; *Henssler* Anwaltliches Berufsrecht und Mediation, AnwBl. **1997** 129; *ders.* Das Verbot der Vertretung widerstreitender Interessen, NJW **2001** 1521; *ders./Deckenbrock* Einverständliche Ehescheidung und anwaltlicher Parteiverrat – ein auflösbares Spannungsverhältnis?, MDR **2003** 1085; *ders./Prütting* Bundesrechtsanwaltsordnung, Kommentar 2. Aufl. (2004) (zit.: *Henssler/Prütting* BRAO[2]); *Hirschmann* Leidenschaften und Interessen: politische Begründungen des Kapitalismus vor seinem Sieg (1980); *Höfle* Die Interessenkollision im Verkehrsrecht und Versicherungsrecht, zfs **2002** 413; *Holz* Parteiverrat in Strafsachen, Diss. Tübingen 1996 (zit.: *Holz* Parteiverrat); *Hübner* Leipziger Kommentar 10. Aufl. (1980) (zit.: *Hübner* LK 10. Aufl.); *Kalsbach* Standesrechtliche Fragen aus dem Gebiete der Interessencollision, AnwBl. **1954** 187; *ders.* Zum Verbot der Vertretung widerstreitender Interessen, GS Cüppers (1955) 246; *ders.* Standesrecht des Rechtsanwalts (1956) (zit.: *Kalsbach* Standesrecht); *Kilian* Die Globalisierung der Rechtsberatung – Interessenkonflikte und Chinese Wals –, WM **2000** 1366; *Kimmig* Übersendung eines Aktenauszugs an den Versicherer des Gegners, AnwBl. **1971** 127 m. Entgegnung *Stephan/Wolkenhauer* AnwBl. **1971** 200; *Kleine-Cosack* Verteidigung mehrerer Beschuldigter durch Mitglieder einer Sozietät, StraFo **1998** 149 = AnwBl. **1998** 417; *ders.* Verfassungswidrige Interessenwiderstreitregelung, AnwBl. **2003** 539; *ders.* Bundesrechtsanwaltsordnung, Kommentar 4. Aufl. (2003) (zit.: *Kleine-Cosack* BRAO[4]); *ders.* Parteiverrat bei Mehrfachvertretung, AnwBl. **2005** 338; *Knapp* Der Verteidiger – ein Organ der Rechtspflege (1973); *Knebel* Probleme bei der Zusammenarbeit eines Rechtsanwalts mit Unfallhelfern, VersR **1972** 409; *Kniemeyer* Das Verhältnis des Strafverteidigers zu seinem Mandanten: Vertrauen und Unabhängigkeit (1997); *Knöfel* Gilt das Verbot widerstreitender Interessen auch für Tätigkeiten außerhalb des Anwaltsberufs?, NJW **2005** 6; *Kramer* Der Syndikusanwalt im Strafverfahren, AnwBl. **2001** 140; *Krekeler* Parteiverrat, ein typisches Berufsvergehen, in: Die Rechtsanwaltschaft im Oberlandesgerichtsbezirk Hamm 1879–2004, Festschrift (2004) 339 (zit.: *Krekeler*); *Kretschmer* Der strafrechtliche Parteiverrat (§ 356 StGB) (2005) (zit.: *Kretschmer* Parteiverrat); *Kuhlen* Die Unterscheidung von vorsatzausschließendem und nichtvorsatzausschließendem Irrtum (1987); *ders.* Umweltstrafrecht – auf der Suche nach einer neuen Dogmatik, ZStW **105** (1993) 697; *ders.* in: Nomos Kommentar zum StGB, Teilband 2 2. Aufl. (2005) (zit.: *Kuhlen* NK[2]); *Lackner/Kühl* Strafgesetzbuch, Kommentar 25. Aufl. (2004) (zit.: *Lackner/Kühl*[25]); *Lampe* Sockelverteidigung (1999); *Lange* Der Strafgesetzgeber und die Schuldlehre, JZ **1956** 73; *Lappe* „Parteiverrat" durch Rechtspfleger?, Rpfleger **1985** 94; *Laufhütte* in: Karlsruher Kommentar zur Strafprozessordnung und zum Gerichtsverfassungsgesetz mit Einführungsgesetz 5. Aufl. (2003) (zit.: *Laufhütte* KK[5]); *Lingenberg/Hummel/Zuck/Eich* Kommentar zu den Grundsätzen des anwaltlichen Standesrechts 2. Aufl. (1988); *Löwe/Rosenberg* StPO, Kommentar 25. Aufl. (2001) (zit.: *Löwe/Rosenberg*[25]); *Löwenstein* Das Recht des Anwalts im Entwurf eines allgemeinen deutschen Strafgesetzbuchs, JW **1927** 3035; *Lüderssen* Der Notar im Konflikt mit § 356 dStGB?, FS Triffterer (1996) 343; *ders.* Anm. zum Beschluss des BVerfG v. 14. 10. 1997, StV **1998** 357; *ders.* Anm. zu BGH, Urt. v. 26. 11. 1998 – 4 StR 207/98 = StV **1999** 153, in: StV **1999** 537; *Mallison* Rechtsauskunft als strafbare Teilnahme (1979); *Maurach/Schroeder/Maiwald* Strafrecht, Besonderer Teil, Teilband 2 8. Aufl. (1999) (zit.: *Maurach/Schroeder/Maiwald* BT 2); *Mennicke* Überlegungen zum Rechtsgut des § 356 StGB und einer rechtsgutbezogenen Auslegung des „ungeschriebenen" Tatbestandsmerkmals des Interessengegensatzes zwischen den Parteien, ZStW **112** (2000) 834; *Meyer* Die strafrechtliche Verantwortung von Juristen im Mediationsverfahren, AnwBl. **2000** 80; *Meyer-Goßner* Strafprozessordnung, Kommentar 48. Aufl. (2005) (zit.: *Meyer-Goßner* StPO[48]); *Meyers* Die Amtsverbrechen, in: *v. Holtzendorff* Handbuch des deutschen Strafrechts, 3. Bd 1874; *Molketin* Parteiverrat (§ 356 StGB) bei Beratung beider scheidungswilliger Ehegatten?, AnwBl. **1982** 12; *Mühlbauer* Die anwaltliche Vertretung mehrerer Studienplatzbewerber in Hochschulzulassungsverfahren als Wahrnehmung widerstreitender Interessen, JR **2005** 54; *E. Müller* Zum Recht der Strafverteidigung, JR **2003** 51; *Münch* Die Praevarication im Strafgesetzbuch, Diss. Münster 1958 (zit.: *Münch* Praevarication); *Neumeyer* Prävarikation (§ 356 RStrGB), in: VDB Bd. 9 (1906) 503; Niederschriften über die Sitzungen der Großen Strafrechtskommission, 8. Bd., Besonderer Teil (1959); *Nibbeling* Anm. zu PfälzOLG Zweibrücken, Urt. v. 27. 5. 1994 – 1 Ss 12/94 = JR **1995** 476, in: JR **1995** 479; *Niederschriften über die Sitzungen der Großen Strafrechtskommission* Bd. 8, Besonderer Teil, 76.–90. Sitzung (1959); *Offermann/Burckhart* Die Interessenkollision – Anwaltschaft im Wandel? AnwBl. **2005** 312; *Otto* Straflose Teilnahme?, FS Lange (1976) 197; *ders.* Der Begriff der „Rechtssache" in den §§ 336, 356 StGB, Jura **1986** 221; *ders.* Interessengegensatz beim Parteiverrat, JK **98** StGB § 356/5; *ders.* Grundkurs, Strafrecht, Die einzelnen Delikte 7. Aufl. (2005) (zit.: *Otto* Grundkurs[7]); *Pfeiffer* Parteiverrat als straf- und standesrechtliches Problem, in: Strafverteidigung und Strafprozess, Festgabe Koch (1989) 127 (zit.: *Pfeiffer* Festgabe Koch); *Prinz* Der Parteiverrat des Strafverteidigers (1999) (zit.: *Prinz* Parteiverrat); *Ranft* Zum Begriff „dieselbe Rechtssache" beim Parteiverrat, JR **1996** 256; *Roesen* Der Parteiverrat in der Rspr. des Reichsgerichts, JW **1938** 649; *Rudolphi* Systematischer Kommentar zum Strafgesetzbuch 7. Aufl. (2003) (zit.: *Rudolphi/Rogall* SK[7]); *Schaffstein* Tatbestandsirrtum und Verbotsirrtum, FS OLG Celle (1961) 175; *Schlosser* Anwaltsrechtliches Verbot der Vertretung widerstreitender Interessen, NJW **2002** 1376; *Schmidt-Leichner* Zur Problematik des Parteiverrats, NJW **1953** 404; *ders.* Strafverteidigung und Parteiverrat, NJW **1959** 133; *ders.* Strafverfahrensrecht 1975 – Fortschritt oder Rückschritt?, NJW **1975** 417; *Schönke/Schröder* Strafgesetzbuch, Kommentar 27. Aufl. (2006) (zit.: *Sch/Schröder/Cramer/Heine*[27]); *Sowada* Die „Notwendige Teilnahme" als funktionales Privilegierungsmodell im Strafrecht (1992); *Stephan/*

Wolkenhauer Übersendung eines Aktenauszuges an den Versicherers des Gegners, AnwBl. **1971** 200; *Strempel* Anwaltliche Schlichtung – Privatisierung der Justiz, Interessenwahrnehmung oder Parteiverrat, AnwBl. **1993** 434; *Tag* Beihilfe durch neutrales Verhalten, JR **1997** 49; *Thomas* Der Begriff der Identität bei der Prävarikation, Diss. München (1963); *Triepel* Staatsdienst und staatlich gebundener Beruf, FS Binding II (1911); *Tröndle/Fischer* Strafgesetzbuch, Kommentar 53. Aufl. (2005), § 356 (zit.: *Tröndle/Fischer*[53]); *von Wächter* Deutsches Strafrecht (1981); *Weber* Zu den Begriffen „Absicht" und „Wissentlichkeit" des Entwurfs zu einem Allgemeinen Deutschen Strafgesetzbuch, LZ **1926** 297; *Weimar* Der Parteiverrat des Rechtsbeistands (1941) (zit.: *Weimar* Parteiverrat); *Welzel* Der Parteiverrat und die Irrtumsprobleme (Tatbestands-, Verbots- und Subsumtionsirrtum), JZ **1954** 276; *ders.* Das Deutsche Strafrecht, Allgemeiner Teil 11. Aufl. (1969) (zit.: *Welzel* Das deutsche Strafrecht[11]); *Westerwelle* Die Interessenkollision nach der neuen Berufsordnung, NJW **1997** 2781; *Widmaier* Strafverteidigung im strafrechtlichen Risiko, 50 Jahre BGH, Festgabe der Wissenschaft (2000), S. 1043; *K. Wolff* Der Parteiverrat des Sachwalters (1930) (zit.: *Wolff*, Parteiverrat); *Wolff-Reske* Berufsbedingtes Verhalten als Problem mittelbarer Erfolgsverursachung: Ein Beitrag zu den Grenzen der Beihilfestrafbarkeit (1995); *Wolter* Notwendige Teilnahme und straflose Beteiligung, JuS **1982** 343; *Zöller* Zivilprozessordnung, Kommentar 25. Aufl. (2005) (zit.: *Zöller* ZPO[25]); *Zürbig* Der Parteiverrat (§ 356 StGB) im Ehescheidungsverfahren, Diss. Trier 1990 (zit.: *Zürbig* Parteiverrat)

Übersicht

Stichwortverzeichnis
Zahlen = Randnummern

I. Entstehungsgeschichte

Der Parteiverrat geht auf die **praevaricatio**[1] des Anklägers im **Quästionenprozess** 1
des römischen Rechts zurück. Der Praevaricator war der Ankläger im Strafprozess, der den Angeklagten in unredlicher Weise zu einem Freispruch verhalf, um ihn infolge des Strafklageverbrauchs („ne bis in idem") nach Rechtskraft des freisprechenden Urteils vor einer neuen Anklage und einer zu erwartenden Verurteilung zu bewahren. Daraus entwickelte sich die **Advokatenpraevarikation** als „praevaricatio impropria", die pflichtwidrige Vertretung gegensätzlicher Interessen in derselben Rechtssache. Mit der Rezeption des römischen Rechts fand die Prävarikation Eingang in das gemeine Recht und wurde in den deutschen Partikularstaaten kodifiziert.[2] **§ 329 PreußStGB** vom 14.4.1851 ist der Vorläufer der geltenden Strafnorm des § 356. Die preußische

[1] Praevaricari: „nicht gerade gehen", „in die Quere gehen".

[2] S. dazu ausf. *Kalsbach* Standesrecht, S. 350 ff.

Vorschrift war der Parteiverratsnorm im Strafgesetzbuch für das Deutsche Reich sprachlich und inhaltlich sehr nahe. Unterschiedlich waren lediglich die Täterbezeichnung „ein **gerichtlicher** Anwalt oder ein anderer Rechtsbeistand" und die Rechtsfolgen: Gefängnis oder Einschließung bis zu 3 Jahren (Absatz 1) bzw. Zuchthaus oder Einschließung bis zu 5 Jahren (Absatz 2). Mit dem Beitritt der süddeutschen Staaten zum Norddeutschen Bund wurde das StGB des Norddeutschen Bundes **Reichsgesetz**.[3]

2 Nach dem Inkrafttreten des RGSt[4] sind die **Änderungen der Parteiverratsnorm** geringfügig geblieben: Das **3. StrÄndG** vom 4.8.1953 (BGBl. I 735) hat den Begriff „Advokat" gestrichen, so dass nur noch der „Anwalt" (neben den anderen Rechtsbeiständen) als Täter bezeichnet war. Das **1. StrRG** vom 25.6.1969 (BGBl. I 645) hat die Strafdrohungen geändert, und mit Wirkung vom 1.1.1975 hat das **EGStGB** vom 2.3.1974 (BGBl. I 469) die Formulierung **„vermöge seiner amtlichen Eigenschaft"** durch die Fassung **„in dieser Eigenschaft"** ersetzt sowie dem § 356 die Überschrift **„Parteiverrat"** gegeben. Mit der Beseitigung des Begriffs „amtliche Eigenschaft" ist klargestellt, dass die Anwälte, anders noch als die preußischen Assistenzräte (Rdn. 3), kein Staatsamt mehr bekleiden.[5]

II. Rechtsgut

1. Amtsdelikt

3 Die systematische Stellung des Parteiverrats im Dreißigsten Abschnitt **„Straftaten im Amt"** scheint für ein **Amtsdelikt** zu sprechen. Die echten Amtsdelikte sind dadurch gekennzeichnet, dass sie nur von Amtsträgern (§ 11 Abs. 1 Nr. 2) begangen werden können, während sich bei den unechten Amtsdelikten die besondere Tätereigenschaft strafschärfend auswirkt. Die Systematik des Parteiverrats als Amtsdelikt ist geschichtlich zu erklären. Mit der Kabinettsorder vom 14.4.1780 und der Gerichtsordnung vom 24.4.1781 (Corpus iuris Fridericianum) wurde die Advokatur abgeschafft und die Advokaten durch sog. **Assistenzräte** ersetzt. Diese waren nicht Parteivertreter, sondern beamtete Richtergehilfen. Die freie Advokatur wurde erst mit der Rechtsanwaltsordnung vom 1.7.1878 etabliert, die gleichzeitig mit den Reichsjustizgesetzen am 1.10.1879 in Kraft trat. Damit verlor die Zuordnung des Parteiverrats zu den Amtsdelikten ihre Bedeutung. Die „anderen Rechtsbeistände" (Advokatanwälte, Prokuratoren, Rechtskonsulenten) (§ 107 RAO 1878) kamen als Täter nur insoweit in Betracht als sie ein Amt bekleideten.[6] Seit Einführung der freien Advokatur ist die Zuordnung des Parteiverrats zu den Amtsdelikten verfehlt.[7]

---

[3] Vgl. zur Entstehungsgeschichte der Norm ausführlich *Hübner* LK 10. Aufl. vor Rdn. 1 „Entstehungsgeschichte" m.z.N.; *Früh* Pflichtverletzung, S. 4; *Knapp* Der Verteidiger, S. 7; *Wolff* Parteiverrat, S. 9; auch *Kretschmer* Parteiverrat, S. 17 f.

[4] Durch Gesetz vom 15.5.1871 (RGBl. 127).

[5] Zu den Gesetzesänderungen und Strafrechtsreformen vgl. ausf. *Hübner* LK 10. Aufl. vor Rdn. 1 („Entstehungsgeschichte, Strafrechtsreform"); *Kalsbach* Standesrecht, S. 357 ff; zu den historischen Gründen der systematischen Zuordnung des Parteiverrat zum Dreißigsten Abschnitt des StGB unter „Straftaten im Amt" s. *Hübner* LK 10. Aufl. Rdn. 3.

[6] Vgl. zum historischen Verständnis des Parteiverrats als Amtsvergehen ausf. *Hübner* LK 10. Aufl. Rdn. 2 ff m.w.N.

[7] Vgl. *Kuhlen* NK² Rdn. 3; *Welzel* Das deutsche Strafrecht¹¹, S. 524; *Sch/Schröder/Cramer/Heine*²⁷ Rdn. 2; *Pfeiffer* Festgabe Koch, S. 129.

2. Standesvergehen

4 Der Parteiverrat ist kein **Standesvergehen**.[8] Die Beurteilung als Standesdelikt verbietet sich, weil zum Täterkreis nicht nur Rechtsanwälte und andere, durch ein Berufsrecht gebundene Rechtsbeistände (Steuerberater, Steuerbevollmächtigte, Wirtschaftsprüfer, Notare) gehören, sondern auch solche, für die insoweit keine besonderen berufsrechtlichen Vorschriften bestehen (Hochschullehrer, Rechtsreferendare etc.). Der Rechtsbeistand ist nicht wegen seiner spezifischen **berufsrechtlichen Bindungen** Normadressat des § 356, sondern weil er als unabhängiger Sachwalter rechtliche Interessen für seinen Auftraggeber wahrzunehmen hat. Dass ein Parteiverrat i.S.v. § 356 gleichzeitig einen Verstoß gegen Berufsregeln darstellt (z.B. § 43 a Abs. 1 BRAO), macht den Parteiverrat nicht zu einem Standesvergehen.[9] Der Parteiverrat dient auch nicht dem Schutz der Anwaltschaft in ihrer **berufständischen Organisation**.[10]

3. Berufsvergehen

5 Der Parteiverrat wird allgemein als ein **Berufsvergehen** bezeichnet,[11] weil der Anwalt und die anderen Rechtsbeistände nur „in dieser Eigenschaft" tatbestandlich handeln können. Der Begriff „Berufsvergehen" ist zu eng, weil der Parteiverrat nicht nur berufliche Tätigkeiten erfasst. Zur Tatbestandserfüllung kommt es nicht auf die ***Profession*** des Beauftragten, sondern darauf an, dass dieser seine **Beistands*funktion*** wahrnimmt.[12] Die Zugehörigkeit zu einem Berufsstand ist dafür unerheblich. In den meisten Fällen wird der Berufsträger das Mandat in seiner **beruflichen Eigenschaft** führen. Wer dagegen z.B. als **Hochschullehrer** (Rdn. 25) eine Verteidigung gem. § 138 Abs. 1 StPO übernimmt, wird nur als „Gelegenheitsbeistand" tätig und nicht in seinem Beruf als Rechtslehrer. Wenn umgekehrt ein Rechtsanwalt als Insolvenzverwalter (Rdn. 27) oder als weisungsabhängiger Justitiar (Rdn. 26) berät, scheidet er trotz seiner Berufsqualifikation als Täter aus.

4. Untreuedelikt

6 Der Parteiverrat wurde auch als **Untreuedelikt**[13] verstanden, weil der Vertrauensbruch des Rechtsbeistands gegenüber seinem Mandanten das Wesen des Parteiverrats ausmache. Auch die frühere Rechtsprechung[14] hat den Unrechtsgehalt des Parteiverrats wesentlich im Missbrauch des Vertrauens und in der Treulosigkeit des Anwalts gegenüber seinem Auftraggeber gesehen. Gegen den Untreuecharakter wird schon eingewandt, es sei nicht geklärt, in welchem Sinne die „Untreue" zu verstehen sei.[15] Verschiedene Meinungen beziehen die individualrechtliche Komponente der Vorschrift mit unterschiedlicher Gewichtung in den **Schutzbereich der Norm** mit ein (s. dazu

---

8 *Wolff* Parteiverrat, S. 129; *Münch* Praevarication, S. 39; *Mennicke* ZStW **112** (2000) 834, 843 Fn. 37; *Dingfelder/Friedrich* Parteiverrat, S. 2; dazu *Hübner* LK 10. Aufl. Rdn. 5; *Kretschmer* Parteiverrat, S. 20 f.

9 **AA** *O. Geppert*, Parteiverrat, S. 24f, der den § 356 *auch* als Standesdelikt begreift.

10 *O. Geppert*, Parteiverrat, S. 24f. Davon zu unterscheiden ist die Anwaltschaft als Organ der Rechtspflege, s. Rdn. 9.

11 BGHSt **12** 96 98; **20** 41f; **24** 191; **45** 148, 153, BGHZ **60** 255, 260; *Sch/Schröder/Cramer/Heine*[27] Rdn. 2; *Tröndle/Fischer*[53] Rdn. 1; *Hübner* LK 10. Aufl. Rdn. 4 f; *Pfeiffer* Festgabe Koch, S. 129.

12 *Maurach/Schroeder/Maiwald* BT 2 § 78 Rdn. 4; *Kuhlen* NK[2] Rdn. 10; *Rudolphi/Rogall* SK[7] Rdn. 10.

13 Vgl. *Neumeyer* Prävarikation (§ 356 RStrGB), in: VDB Bd. 9 (1906) 503, 504; *von Wächter* Deutsches Strafrecht, S. 480; *Hübner* LK 10. Aufl. Rdn. 6; *Erb* Parteiverrat, S. 262 f.

14 Vgl. RGSt **49** 342, 344; BGHSt **4** 80, 87, **5** 301, 306 m. krit. Anm. *Kalsbach* AnwBl. **1954** 187, 192.

15 *Hübner* LK 10. Aufl. Rdn. 6.

oben Rdn. 9). Das Argument, der Parteiverrat sei kein Untreuedelikt, weil das Einverständnis in die Wahrnehmung widerstreitender Interessen weder die Tatbestandsmäßigkeit beseitige noch rechtfertigend wirke, führt zu einem Zirkelschluss. Die Wirksamkeit des Einverständnisses bzw. der Einwilligung ist Konsequenz der Rechtsgutbestimmung und nicht umgekehrt.

7 **a)** Nach heute unbestrittener Meinung ist der Parteiverrat **nicht vermögensrechtlich**[16] ausgestaltet, auch wenn die Vertretung des widerstreitenden Interesses nicht selten zu wirtschaftlichen Schäden der „verratenen Partei" führt. Nur in der Qualifikation des Absatzes 2 ist das Handeln „zum Nachteil" einer Partei schadensbezogen. **Ein *Vermögens*schaden** wird aber auch insoweit nicht verlangt. Dabei besteht Einigkeit, dass der Nachteil nicht eingetreten, sondern nur gewollt sein muss (vgl. Rdn. 102). Der Grundtatbestand hat keinen vermögensrechtlichen Bezug und verlangt weder auf der objektiven noch auf der subjektiven Tatbestandsebene eine Schädigung.[17] Auch die **systematische Stellung** des Parteiverrats im Dreißigsten Abschnitt des StGB unter „Straftaten im Amt" spricht gegen die Annahme eines Untreuevergehens. Dabei ist zutreffend, dass der Parteiverrat nach heutigem Verständnis kein **Amtsdelikt** (mehr) ist.[18] Die Entwürfe und Reformvorschläge zum StGB, die wiederholt eine Zuordnung des Parteiverrats zu den Vermögensdelikten vorsahen, sind jedoch vom Gesetzgeber durchgängig verworfen worden.[19] Schließlich spricht auch der **Strafrahmenvergleich** zwischen Parteiverrat und Untreue gegen eine Eingliederung des § 356 als Untreuedelikt.[20] Der Parteiverrat ist mit der erhöhten Mindeststrafe von drei Monaten Freiheitsstrafe bedroht und in seiner Qualifikation als Verbrechen ausgestaltet. Dagegen ist die Untreue gem. § 266, bei der als Tatbestandsvoraussetzung der Nachteil *eingetreten* sein muss, mit keiner erhöhten Mindeststrafe versehen. § 356 Abs. 2 würde eine „**versuchte Untreue**" ohne die Möglichkeit einer Strafrahmenreduzierung gem. § 23 Abs. 2 i.V.m. § 49 Abs. 1 sanktionieren.

8 **b)** Das **Rechtsgut** wird auch mit der Umschreibung **personenrechtliche Untreue** nicht ausreichend erfasst.[21] Schon der Begriff ist unscharf. Die Enttäuschung des Mandanten über den Vertrauensbruch und die Illoyalität des von ihm beauftragten Rechtsbeistands wird häufig, aber nicht stets Folge der Wahrnehmung widerstreitender Interessen sein. Eine Vorschrift zum Schutz des Vertrauensverhältnisses in einer privilegierten beruflichen Beziehung wäre nach der Gesetzessystematik des StGB eher dem Fünfzehnten Abschnitt (Verletzung des persönlichen Lebens- und Geheimnisbereichs) zuzuordnen, in dem z.B. die Verletzung des Anwaltsgeheimnisses mit oder ohne Schädigungsabsicht unter Strafe gestellt ist (§ 203 Abs. 1 Ziff. 3, Abs. 5). Das Rechtsgut des Parteiverrats reicht über den Schutz der Individualbeziehung Mandant/Anwalt hinaus.

---

16 *Mennicke* ZStW **112** (2000) 834, 842ff; *Hübner* LK 10. Aufl. Rdn. 7; *Rudolphi/Rogall* SK[7] Rdn. 4; *Prinz* Parteiverrat, S. 8, 14; *Erb* Parteiverrat, S. 112 f.

17 BGH AnwBl. **1966** 397 f; RGSt **49** 342, 344; *Erb* Parteiverrat, S. 112.

18 Zum historischen Verständnis des Parteiverrats als Amtsdelikt vgl. *Hübner* LK 10. Aufl. Rdn. 2 m.w.N. und oben Rdn. 1.

19 S. dazu *Erb* Parteiverrat, S. 111, und *Hübner* LK 10. Aufl. Rdn. 7, jeweils m.w.N.

20 *O. Geppert* Parteiverrat, S. 24, 29; *Hübner* LK 10. Aufl. Rdn. 7; *Rudolphi/Rogall* SK[7] Rdn. 11; *Mennicke* ZStW **112** (2000) 834, 844, 846; gegen das Argument des Strafrahmenmissverhältnisses vgl. *Erb* Parteiverrat, S. 111 f.

21 S. *Mennicke* ZStW **112** (2000) 834, 845f; *Hübner* LK 10. Aufl. Rdn. 6; vgl. auch *Baumann/Pfohl* JuS **1983** 24 f; s. aber a. *Erb* Parteiverrat, S. 113, 119: „Der Bruch der personenrechtlichen Treuepflicht (stellt) den Kern des Parteiverrats dar".

5. Rechtspflegedelikt

Ganz überwiegend wird das **Rechtsgut** des Parteiverrats stärker **rechtspflegeorientiert** als **individualrechtlich** beurteilt. Verschiedene Meinungen beziehen den individualrechtlichen Aspekt der Mandatsuntreue mit unterschiedlichen Gewichtungen in die Rechtsgutbeurteilung mit ein. Die Rechtsgutbeschreibungen sind vielfältig und reichen von einer stärker individuell geprägten „Bewahrung der anwaltlichen Mandatstreue" bis zu der globalen Bestimmung „Schutz der Rechtspflege". Die Rechtsprechung des BGH hat den Schutzzweck des Parteiverrats zunächst auch indiviualrechtlich verstanden. § 356 habe die Treue des Anwalts gegenüber seinem Auftraggebers zu gewährleisten und diene dem **Ansehen des Anwaltsstandes.**[22] Weitere Entscheidungen stellen das Ansehen der Anwaltschaft in den Vordergrund.[23] Mit der Entscheidung BGHSt **12** 96, 98 wird das „Ansehen der **Rechtspflege**" neben der **Treupflicht des Anwalts** als Schutzgut bezeichnet. Das OLG Düsseldorf NJW **1959** 1050f sieht die Schutzrichtung in der „Reinheit des Anwaltsstandes und damit der Rechtspflege überhaupt", und das BayObLG NJW **1959** 2223f meint, das „Ansehen der Rechtspflege" sei vorrangiges Schutzgut. Mit wechselnden Formulierungen bestätigt der BGH seine Rechtsprechung.[24] Das **BVerfG** folgt der Rechtsprechung des BGH mit der Rechtsgutbeschreibung „Zuverlässigkeit und Integrität der Anwalt- und Rechtsbeistandschaft".[25] 9

Die **Literaturmeinungen** sehen das Schutzgut mit unterschiedlichen Gewichtungen in der **Rechtspflege**, im **Ansehen** bzw. der **Funktionsfähigkeit der Rechtsbeistandschaft** und in der **Treuepflicht** gegenüber dem Auftraggeber. Teilweise wird ausschließlich die Rechtspflege als Rechtsgut angesehen.[26] Der Schutz der persönlichen Treueverpflichtung gegenüber dem Auftraggeber wirke nur als Reflex.[27] Nach anderer Ansicht soll das Schutzgut neben der Integrität der Rechtspflege auch die Treuepflicht des Auftraggebers umfassen.[28] Eine einschränkende Meinung begreift als Rechtsgut nicht mehr die Rechtspflege insgesamt, sondern nur die **Anwaltschaft** als Teil der Rechtspflege.[29] Darüber hinaus soll neben der Zuverlässigkeit, Integrität und Funktionsfähigkeit der Anwalt- und Rechtsbeistandschaft auch der Schutz des Mandanten zum Rechtsgut gehören.[30] Nach abweichender Meinung werde die Treuepflicht nur mittelbar geschützt.[31] Zur Gewichtung der Rechtsgutaspekte Rechtspflege bzw. Funktionsfähigkeit der Anwaltschaft meint *Erb*[32], „der Bruch der anwaltlichen Treue" mache den „Kern des Parteiverrats" aus. Die Rechtspflege spiele dagegen eine untergeordnete Rolle und werde nur „reflexartig" geschützt.

---

22 BGHSt **5** 301, 306; **13** 231f; s.a. schon RGSt **49** 344; **7** 253.

23 BGH GA **1961** 203, 205; BGH AnwBl. **1954** 199f: Sicherung der Lauterkeit und des Ansehens des Anwaltsstandes.

24 BGHSt **12** 96, 98: „Treupflicht des Anwalts gegenüber seinem Auftraggeber" und „Ansehen der Rechtspflege"; BGHSt **15** 332, 336: „Vertrauen in die Berufstreue des Rechtsbeistands"; BGHSt **45** 148, 153: „Vertrauen der Allgemeinheit in die Integrität der Anwaltschaft".

25 BVerfG NJW **2001** 3180, 3181.

26 *Welzel* Das deutsche Strafrecht[11], S. 524; *Prinz* Parteiverrat, S. 21.

27 *Otto* Grundkurs[7] § 98 Rdn. 29.

28 *Pfeiffer* Festgabe Koch, S. 28f; *Krekeler* S. 339, 342; *Lackner/Kühl*[25] Rdn. 1; *Hübner* LK 10. Aufl. Rdn. 9; *Kalsbach* Standesrecht, S. 348.

29 *O. Geppert*, Parteiverrat, S. 29ff; *Tröndle/Fischer*[53] Rdn. 1; *Dahs* JR **1986** 349f: „institutionelle Seriosität des anwaltlichen Rechtspflegeorgans".

30 *Baumann/Pfohl* JuS **1983** 24 f; *Kuhlen* NK[2] Rdn. 6: „Interesse des Mandanten an gradliniger Vertretung"; *Dahs* Handbuch[7], S. 57: „Funktion des Verteidigers im Rechtssystem" und „Treuepflicht des Anwalts".

31 *Mennicke* ZStW **112** (2000) 834, 851f; *Sch/Schröder/Cramer/Heine*[27] Rdn. 1.

32 *Erb* Parteiverrat, S. 262 f.

Das Rechtsgut ist vom Objekt der strafbaren Handlung zu unterscheiden. Wenn der Parteiverrat die Vertretung widerstreitender Interessen verbietet, so dient die Norm in concreto dem Schutz des Mandanten, der sich einem Rechtsbeistand anvertraut hat. Das **Rechtsgut** umfasst in abstrakter Form einen größeren Schutzbereich, der der Norm vorgelagert ist. Wer als Rechtsbeistand dem Mandatsgegner dient, verletzt die Pflicht zur **unabhängigen**[33] und **parteilichen Interessenwahrnehmung**. Er enttäuscht das Vertrauen, das ihm sein Mandant entgegenbringen und der Rechtsbeistand beanspruchen muss, um die Mandanteninteressen einseitig und sachgerecht wahrnehmen zu können.[34] Mit dem pflichtwidrigen Dienen verletzt der Rechtsbeistand nicht nur seine Pflichten aus dem konkreten Mandatsverhältnis. Er gefährdet darüber hinaus generell die Bereitschaft, dass Mandanten ihre rechtlichen Interessen einem Rechtsbeistand anvertrauen. Er schwächt damit die Erwartung, dass Rechtsbeistände die Mandanteninteressen im wohlverstandenen Sinne „rücksichtslos", d. h. ohne falsche Rücksichtnahme, vertreten. Dadurch wird das Vertrauen in die Leistungsfähigkeit der Rechtsbeistandschaft, insbesondere der Anwaltschaft als einem wesentlichen Organ der Rechtspflege, beeinträchtigt. **Rechtsgut des Parteiverrats ist das Vertrauen in die zuverlässige und unabhängige Interessenvertretung durch Rechtsbeistände als Voraussetzung einer funktionsfähigen Rechtspflege.** Dagegen ist die „Rechtspflege" als Rechtsgut des Parteiverrats zu umfassend und zu sehr von der im Tatbestand vertypten verbotswidrigen Handlung abstrahiert, als dass es noch Konturen für eine Norminterpretation geben könnte.

6. Deliktscharakter

10 Der Parteiverrat ist im Grundtatbestand (Absatz 1) **Vergehen** und in der **Qualifikation** (Absatz 2) wegen der Mindeststrafe von einem Jahr Freiheitsstrafe (§ 12 Abs. 1) **Verbrechen** (s. Rdn. 100 und 104). § 356 ist **echtes Sonderdelikt**,[35] weil der Parteiverrat nur von den im Tatbestand genannten Anwälten und anderen Rechtsbeiständen als Täter, Mittäter oder mittelbare Täter begangen werden kann. Die Täterqualität ist strafbegründendes, besonderes persönliches Merkmal i. S. v. § 28 Abs. 1. Der Parteiverrat ist als **abstraktes Gefährdungsdelikt** ausgestaltet.[36] Für die Tatbestandserfüllung ist kein Erfolg vorausgesetzt, insbesondere kein Schadenseintritt.[37]

---

[33] Zur Wahrung der Unabhängigkeit als Zweck der Regelung in § 43 a Abs. 4 BRAO vgl. *Feuerich/Weyland* BRAO[6] § 43 a Rdn. 54.

[34] Zutreffend auch *Dahs* JR **1986** 349: „Strafwürdig ist die Verletzung der Unverbrüchlichkeit des Mandats-Vertrauens und des ihm wesenseigenen Ausschließlichkeitsanspruch".

[35] *Tröndle/Fischer*[53] Rdn. 1; *Hübner* LK 10. Aufl. Rdn. 5; *Kuhlen* NK[2] Rdn. 9; *Sch/Schröder/Cramer/Heine*[27] Rdn. 4; *Rudolphi/Rogall* SK[7] Rdn. 9.

[36] RGSt **49** 343 f; BayObLG JR **1991** 163 f; *Mennicke* ZStW **112** (2000) 834, 853, 855; *Tröndle/Fischer*[53] Rdn. 1; *Sch/Schröder/Cramer/Heine*[27] Rdn. 3; *Kuhlen* NK[2] Rdn. 6 (Kumulationsdelikt); ebenso *Rudolphi/Rogall* SK[7] Rdn. 7; *Erb* Parteiverrat, S. 263, unterscheidet: Soweit das anwaltliche Treueverhältnis betroffen sei, liege ein Verletzungsdelikt und in Bezug auf die Rechtspflege ein abstraktes Gefährdungsdelikt vor.

[37] Dies gilt auch für die Qualifikation nach Absatz 2, s. Rdn. 102.

III. Täterkreis

1. Tauglicher Täter

Tauglicher Täter ist „ein **Anwalt** oder ein **anderer Rechtsbeistand**" in Ausübung seines Berufes bzw. seiner übernommenen Beistandstätigkeit. Anwälte i.S.v. § 356 sind alle im **Inland** zugelassenen Rechts- und Patentanwälte[38] (zu den ausländischen Rechtsanwälten vgl. Rdn. 16). 11

Der Rechtsanwalt muss als solcher zugelassen sein. Die **Zulassung** wird wirksam mit Aushändigung der Zulassungsurkunde (§ 12 Abs. 2 S. 1 BRAO). Zur Rechtsanwaltschaft kann nur zugelassen werden, wer die Befähigung zum Richteramt nach § 5 DRiG hat (§ 4 BRAO; BGH BRAK-Mitt. **1995** 208). Die Zulassung erlischt, wenn durch ein rechtskräftiges Urteil auf Ausschließung aus der Rechtsanwaltschaft erkannt wird (§ 13 BRAO). Wird die sofortige Vollziehbarkeit des **Widerrufs der Zulassung** angeordnet, so darf der Rechtsanwalt seinen Beruf gem. § 16 Abs. 7 i.V.m. § 155 Abs. 2 BRAO nicht mehr ausüben. Sein Status als Rechtsanwalt wird dadurch nicht berührt. Die insoweit verbotswidrig vorgenommenen Rechtshandlungen sind wirksam (§ 16 Abs. 7 i.V.m. § 155 Abs. 5 BRAO).[39] Wird gegen den Rechtsanwalt ein anwaltsgerichtliches **Vertretungsverbot** i.S.v. § 114 Abs. 1 Ziff. 1 BRAO oder ein vorläufiges Vertretungsverbot gem. § 150 Abs. 1 BRAO verhängt, so darf der Rechtsanwalt auf den bestimmten Rechtsgebieten für die Dauer des Verbots nicht tätig werden. Die Rechtshandlungen, mit denen der Rechtsanwalt gegen das Vertretungsverbot verstößt, bleiben aus Gründen der Rechtssicherheit und im Interesse der Mandanten wirksam (§ 155 Abs. 5 BRAO). Der Rechtsanwalt ist daher geeigneter Täter, auch soweit er trotz eines Berufs- oder Vertretungsverbots tätig wird und ohne Legitimation berät oder Beistand leistet. Auf die Kenntnis des Mandanten von den Tätigkeitsbeschränkungen kommt es für die Täterqualität nicht an.[40]

Der Rechtsanwalt muss in **Ausübung seines Berufs** handeln. Unerheblich ist, ob der Rechtsanwalt die anwaltliche Tätigkeit regelmäßig oder nur (noch) in Einzelfällen verrichtet. Entscheidend ist, dass die Beistandsleistung im Rahmen der Rechtspflege vorgenommen wird.[41] Der Rechtsanwalt muss in seiner anwaltlichen Eigenschaft tätig sein. Eine private **Gefälligkeitsberatung**, die erkennbar außerhalb eines Mandatsverhältnisses erbracht wird, genügt nicht[42] (Rdn. 34, 84). 12

a) Zu den Anwälten i.S.v. § 356 gehören auch die **Patentanwälte**[43] (§§ 5 ff PatAnwO).[44] Für den **Patentanwaltssyndikus** (BGHZ **62** 154) gelten die Ausführungen zum Syndikusanwalt entsprechend (Rdn. 15). Für die Tätereignung kommt es darauf an, dass er seinen Auftrag in anwaltlicher Unabhängigkeit erfüllen kann. Soweit er für seinen Dienstherrn weisungsgebunden handelt, scheidet er als Täter des Parteiverrats 13

---

38 *Sch/Schröder/Cramer/Heine*[27] Rdn. 5; *Kuhlen* NK[2] Rdn. 9; *O. Geppert* Parteiverrat, S. 35, 40 f, ordnet den Patentanwalt den „anderen Rechtsbeiständen" zu.

39 Vgl. BGH NJW **1990** 1854; OLG Celle NStZ **1989** 338.

40 Vgl. auch OLG Celle NStZ **1989** 338.

41 Vgl. *Maurach/Schroeder/Maiwald* BT 2 § 78 Rdn. 4.

42 BGHSt **7** 17, 19; **20** 41 f; **24** 191; **45** 148, 153; OLG Zweibrücken wistra **1994** 311, 313; *Sch/Schröder/Cramer/Heine*[27] Rdn. 15, *Kuhlen* NK[2] Rdn. 21; *Tröndle/Fischer*[53] Rdn. 4; s.a. *Prinz* Parteiverrat, S. 43; **aA** *O. Geppert* Parteiverrat, S. 117.

43 Zum historischen Streit, ob der Patentanwalt überhaupt von § 356 erfasst wird, vgl. *Hübner* LK 10. Aufl. Rdn. 13 f.

44 Vgl. schon *Roesen* NJW **1938** 649; *Cüppers* NJW **1947/48** 4, 5; *O. Geppert* NJW **1960** 1044 f; *Tröndle/Fischer*[53] Rdn. 2; *Sch/Schröder/Cramer/Heine*[27] Rdn. 5.

aus.[45] Unerheblich ist, ob der Patentanwaltsyndikus in öffentlichen oder in privaten Diensten steht.

14 **b)** Für die Täterqualität als **Rechtsanwalt** ist es unerheblich, ob das Mandatsverhältnis durch privatrechtlichen Geschäftsbesorgungsvertrag begründet oder ob der Rechtsanwalt **beigeordnet** wird. Mandatsübernahmepflichten ergeben sich z.B. aus § 49 Abs. 1 BRAO, § 121 ZPO, § 4 a Abs. 2 InsO, § 11 a ArbGG, § 166 VwGO, § 73 a SGG. Auch soweit der Rechtsanwalt als **Pflichtverteidiger** nach §§ 140ff StPO oder nach § 60 OWiG bestellt wird, ist er geeigneter Täter.[46] Der Pflichtverteidiger hat die gleichen Beistandsrechte und -pflichten wie der Wahlverteidiger.[47] Seine Pflichtenstellung ist auch nicht geringer, wenn er gegen den Willen des Beschuldigten beigeordnet wird oder ein Vertrauensverhältnis aus anderen Gründen zum Mandanten nicht besteht. Die Verpflichtung, widerstreitende Interessen nicht zu vertreten, gilt auch für alle beigeordneten Rechtsanwälte.

15 **c)** Der nach § 46 BRAO als Rechtsanwalt zugelassene **Syndikus** ist Anwalt im Sinne des § 356,[48] sofern er als unabhängiges Organ der Rechtspflege tätig ist und nicht weisungsgebundene Syndikusdienste leistet (vgl. OLG Stuttgart NJW **1968** 1975; *Lackner/Kühl*[25] Rdn. 2).[49] Soweit der **Syndikusanwalt** weisungsgebunden tätig ist, fehlt ihm die Täterqualität für das Sonderdelikt. Auch die als Rechtsanwälte zugelassenen **Justitiare** sind, ebenso wie Syndikusanwälte, nur insoweit geeignete Täter als sie in anwaltlicher Unabhängigkeit **außerhalb** ihres **Dienstverhältnisses** tätig sind. Entscheidend ist nicht die anwaltliche Zulassung sondern die Aufgabenwahrnehmung im Einzelfall.[50] Nur soweit dem Justitiar oder Syndikus das Vertrauen entgegengebracht werden kann, in anwaltlicher Unabhängigkeit Mandanteninteressen wahrzunehmen, kann die Pflichtverletzung strafrechtlich sanktioniert sein. Wird der Justitiar oder der Syndikus lediglich als **angestellter Rechtsberater** tätig, ist er auch nicht Rechtsbeistand i.S.v. § 356.[51]

16 **d)** Zum Täterkreis gehören auch die gem. §§ 206f BRAO in Deutschland niedergelassenen **ausländischen Rechtsanwälte**,[52] nicht jedoch die nur im Ausland zugelassenen Rechtsanwälte.[53] Für die **europäischen Rechtsanwälte** gilt das EuRAG i.d.F. v. 23.7.2002 (BGBl. I S. 2850).[54] Nach § 42 Abs. 1 EuRAG ist der Straftatbestand des Parteiverrats ausdrücklich auch für europäische Rechtsanwälte anwendbar.[55] Dabei kommt es nicht darauf an, unter welcher Berufsbezeichnung der ausländische Anwalt niedergelassen ist (vgl. BR-Drucks. 567/99 S. 85).

17 **e)** Der **Anwaltsnotar** (§ 3 Abs. 2 BNotO) ist ohne weiteres geeigneter Täter, soweit er **anwaltliche** Mandate führt. In seinem **notariellen** Aufgabenbereich handelt der

---

45 *Sch/Schröder/Cramer/Heine*[27] Rdn. 5

46 Vgl. *Dingfelder/Friedrich* Parteiverrat AII.aa; *Prinz* Parteiverrat, S. 22.

47 BVerfG NJW **1959** 571 f; BGH NJW **1996** 1975; *Lüderssen* in *Löwe/Rosenberg*[25] § 141 Rdn. 3, 9.

48 *Hübner* LK 10. Aufl. Rdn. 15; *Sch/Schröder/Cramer/Heine*[27] Rdn. 5; *Tröndle/Fischer*[53] Rdn. 2a; *Rudolphi/Rogall* SK[7] Rdn. 9.

49 Vgl. auch BGHSt **45** 148, 153; inwieweit das allgemeine Verbot gem. § 43a IV BRAO, widerstreitende Interessen zu vertreten, für Syndikusanwälte gilt, s. bei *Kleine-Cosack*[4] BRAO § 43a Rdn. 89 f.

50 *Rudolphi/Rogall* SK[7] Rdn. 9; *Kuhlen* NK[2] Rdn. 14; *Fischer/Tröndle*[53] Rdn. 2a; vgl. auch EGH **16** 206.

51 *Rudolphi/Rogall* SK[7] Rdn. 11.

52 Vgl. dazu *Henssler/Prütting*[2] BRAO § 206 Rdn. 2 ff; *Kuhlen* NK[2] Rdn. 9.

53 *O. Geppert* NJW **1960** 1043; *Pfeiffer* Festgabe Koch, S. 130.

54 Zum europäischen Rechtsanwalt s. *Kretschmer* Parteiverrat, S. 122 f.

55 *Rudolphi/Rogall* SK[7] Rdn. 9.

Anwaltsnotar als Rechtsbeistand i. S. v. § 356[56] (vgl. Rdn. 20). Taugliche Täter sind ferner der **Abwickler** einer Rechtsanwaltskanzlei (§ 55 BRAO),[57] der **Anwaltsvertreter**,[58] der **Prozessagent** i. S. v. § 157 ZPO.[59] Der **Rechtsreferendar**, der nach § 142 Abs. 2 StPO zum Verteidiger bestellt ist, handelt in dieser Funktion als Rechtsbeistand i. S. d. § 356,[60] weil auch der ausnahmsweise in die Verteidigerpflicht genommene Referendar bei der Mandatswahrnehmung eine unabhängige Vertrauensstellung einnimmt. Der Mandant muss sich darauf verlassen können, dass der Referendar als Verteidiger widerstreitende Interessen nicht vertritt. Die Gegenansicht[61] verneint die Täterqualität, weil der Referendar die Verteidigung nicht berufsmäßig ausübt.

2. Andere Rechtsbeistände

Der Personenkreis, der unter „**andere Rechtsbeistände**" fällt, ist in Rechtsprechung und Literatur noch nicht geklärt.[62] Nach einer weiten Begriffsbestimmung gehören zu den Rechtsbeiständen alle Personen, die in einer staatlich anerkannten Weise Rechtsbeistand leisten oder von einer Behörde aufgrund allgemeiner gesetzlicher Vorschriften oder nach Zulassung im Einzelfall als rechtliche Berater auftreten.[63] Nicht erforderlich ist, dass der Rechtsbeistand eine amtsträgerähnliche Stellung innehat. Entscheidend ist, dass er die Parteiinteressen als **unabhängiger Sachwalter** wahrnimmt.[64] **18**

Demgegenüber will eine Gegenmeinung den Anwendungsbereich des § 356 auf jene Personen beschränken, die „**anwaltähnlich**"[65] tätig werden.[66] Aus dem Merkmal „anderer" Rechtsbeistand ist das Erfordernis einer anwaltähnlichen Tätigkeit nicht abzuleiten. Der Täterkreis muss vom Rechtsgut aus und nicht nach dem Status des Beistands beurteilt werden. Wer in staatlich anerkannter Weise unabhängig Rechtsbeistand leisten und dazu das Vertrauen seines Auftraggebers beanspruchen darf, muss gehindert sein, zugleich widerstreitende Interessen zu vertreten. Ob der Sachwalter den **Beistand geschäfts- oder berufsmäßig** leistet, ist insoweit unerheblich.[67]

Die Beschränkung auf „anwaltsähnlich" tätige Beistände ist konturenlos, weil der Rechtsanwalt, aber auch nur er, Berater und Vertreter in allen Rechtsangelegenheiten

---

56 Vgl. *Lüderssen* Festschrift Triffterer, S. 343, 346 m. Hinw. auf mögliche Konfliktsituationen; *Hübner* LK 10. Aufl. Rdn. 15; *Lackner/Kühl*[25] Rdn. 2; *Pfeiffer* Festgabe Koch, S. 129; *Rudolphi/Rogall* SK[2] Rdn. 11; *Sch/Schröder/Cramer/Heine*[27] Rdn. 5.

57 OLG Nürnberg NStZ **1999** 408.

58 *Rudolphi/Rogall* SK[7] Rdn. 11.

59 *Kuhlen* NK[2] Rdn. 11; *Otto* Grundkurs[7] § 98 Rdn. 31; *Sch/Schröder/Cramer/Heine*[27] Rdn. 7; **aA** OLG Saarbrücken NJW **1960** 306; OLG Bremen MDR **1968** 343; *O. Geppert* Parteiverrat, S. 38; zum Prozessagenten ausführlich *Kretschmer* Parteiverrat, S. 130 ff.

60 *Kretschmer* Parteiverrat, S. 132, 134 f; *Otto* Grundkurs[7] § 98 Rdn. 31; *Prinz* Parteiverrat, S. 28 ff; *Rudolphi/Rogall* SK[7] Rdn. 11; *Sch/Schröder/Cramer/Heine*[27] Rdn. 7; *Tröndle/Fischer*[53] Rdn. 2a.

61 *Hübner* LK 10. Aufl. Rdn. 29 f; *Pfeiffer* Festgabe Koch, S. 127, 130.

62 Zur historischen und funktionellen Bestimmung des Merkmals vgl. ausführlich *Kretschmer* Parteiverrat, S. 128 ff.

63 *Rudolphi/Rogall* SK[7] Rdn. 10, *Sch/Schröder/Cramer/Heine*[27] Rdn. 7, *Welzel* Das deutsche Strafrecht[11], S. 525; *Pfeiffer* Festgabe Koch, S. 130; BayObLGSt **1964** 116, 119 ff zu § 352.

64 *Maurach/Schroeder/Maiwald* BT/2 Rdn. 78/4; *Sch/Schröder/Cramer/Heine*[27] Rdn. 7.

65 Vgl. RGSt **51** 220, 221; RGSt **73** 126; OLG Saarbrücken NJW **1960** 306; *O. Geppert* Parteiverrat, S. 35 ff; *ders.* NJW **1960** 1045; *Prinz* Parteiverrat, S. 29 f.

66 Der Entwurf StGB 1962 wollte den Täterkreis auf Rechtsanwälte und Patentanwälte beschränken, § 458 E; vgl. zur Entstehungsgeschichte des Tatbestandsmerkmals „anderer Rechtsbeistand" *Hübner* LK 10. Aufl. Rdn. 16 ff.

67 **AA** *Pfeiffer* Festgabe Koch, S. 130; vgl. aber auch die Entscheidung BGHSt **20** 41 f, die den Parteiverrat als „ausgesprochenes Berufsvergehen" bezeichnet.

ist (§ 3 Abs. 1 BRAO). Die Annahme, ein kriminalpolitisches Bedürfnis, den Parteiverrat zu sanktionieren, bestehe nur bei Rechtsvertretern mit besonderen Rechten und erhöhten Pflichten,[68] greift zu kurz. Das Schutzbedürfnis besteht nicht nur bei Organen der Rechtspflege (so aber *Blei* BT Bd. 2[12] § 112 V 1). **Gelegenheitsbeistände** scheiden als Täter nicht generell aus (so aber *Hübner* LK 10. Aufl. Rdn. 29 ff), weil es nicht auf die Häufigkeit der Beistandsleistung ankommt. Entscheidend ist, dass der Beauftragte die **Beistandsleistung** in **unabhängiger** Weise ausüben kann. Wer dagegen die Geschäfte nur weisungsabhängig abwickelt, leistet nicht schon deshalb Rechtsbeistand, weil er im Rahmen seines Auftrags Rechtsvorschriften zu beachten hat (zum Anvertrautsein der Angelegenheit siehe Rdn. 79 ff).

19 Zu den Rechtsbeiständen gehören die nichtanwaltlichen **Anwaltsvertreter**,[69] die nichtanwaltlichen **Prozessvertreter** in Arbeits- und Sozialgerichtsverfahren,[70] die **Abwickler** einer Anwaltskanzlei gem. §§ 55 BRAO, 48 PatAnwO,[71] weil sie als unabhängige Sachwalter von Parteiinteressen mit behördlicher Erlaubnis fremde Rechtsangelegenheiten vertreten. Eine Geschäfts- oder regelmäßige Berufstätigkeit wird nicht vorausgesetzt.[72]

20 **a)** Der **Notar** ist „anderer Rechtsbeistand" i.S.v. § 356.[73] Nach § 14 Abs. 1 S. 2 BNotO ist der Notar nicht Vertreter einer Partei, sondern unabhängiger und unparteiischer Betreuer der Beteiligten. Die Vertretung gegensätzlicher Interessen ist dem Notar untersagt (vgl. BGHZ **51** 301, 304 ff; **54** 275, 281). Rechtsbeistände sind ferner die **Notariatsassessoren** (§ 7 BNotO), **Notariatsvertreter** (§ 39 BNotO) und **Notariatsverwalter** (§§ 56, 57 BNotO).[74]

21 **b)** Geeignete Täter sind die **Rechtsbeistände, die nach dem RBerG** von der jeweils zuständigen Behörde die Erlaubnis erhalten, fremde Rechtsangelegenheiten einschließlich der Rechtsberatung geschäftsmäßig zu besorgen (vgl. § 1 RBerG).[75] In den Einzelfällen ist jedoch zu prüfen, ob dem Beistand eine Angelegenheit tatsächlich anvertraut ist (vgl. Rdn. 79 ff). Nach § 157 Abs. 3 ZPO kann Personen durch widerruflichen Justizverwaltungsakt die Zulassung als **Prozessagent** gewährt werden. Sie sind zugelassene Prozessbevollmächtigte mit der Befugnis zur Besorgung fremder Rechtsangelegenheiten vor Gericht und damit „andere Rechtsbeistände" i.S.v. § 356.[76]

22 Die sog. **Kammerrechtsbeistände** gem. § 209 BRAO sind berechtigt, in allen gerichtlichen Verfahren, in denen kein Anwaltszwang besteht, als Prozessbevollmäch-

---

[68] So *O. Geppert* Parteiverrat, S. 43; *ders.* NJW **1960** 1045.

[69] *Rudolphi/Rogall* SK[7] Rdn. 11; *O. Geppert* Parteiverrat, S. 43; *Hübner* LK 10. Aufl. Rdn. 24, 27; *Kuhlen* NK[7] Rdn. 11; *Pfeiffer* Festgabe Koch, S. 130.

[70] *Sch/Schröder/Cramer/Heine*[27] Rdn. 7; *Rudolphi/Rogall* SK[7] Rdn. 11; *Kuhlen* NK[2] Rdn. 11.

[71] OLG Nürnberg NStZ **1999** 408; *Sch/Schröder/Cramer/Heine*[27] Rdn. 7; **aA** *O. Geppert* NJW **1960** 1044.

[72] *Sch/Schröder/Cramer/Heine*[27] Rdn. 7; *Rudolphi/Rogall* SK[7] Rdn. 10; **aA** *Hübner* LK 10. Aufl. Rdn. 21.

[73] *Lüderssen* Festschrift Triffterer, S. 343, 346; *Kuhlen* NK[2] Rdn. 11; *Lackner/Kühl*[26] Rdn. 2; *Pfeiffer* Festgabe Koch, S. 127, 129; *Rudolphi/Rogall* SK[7] Rdn. 11; **aA** *Kretschmer* Parteiverrat, S. 136, gerade wegen der notariellen Verpflichtung zur Unparteilichkeit.

[74] *Hübner* LK 10. Aufl. Rdn. 15.

[75] *Kuhlen* NK[2] Rdn. 11; *Lackner/Kühl*[25] Rdn. 2; *Rudolphi/Rogall* SK[7] Rdn. 11; *Sch/Schröder/Cramer/Heine*[27] Rdn. 7; *Tröndle/Fischer*[53] Rdn. 2a; **aA**, die auf der historisch überholten „Amtstheorie" basierende Rspr. RGSt **51** 220 ff, **73** 126 f; OLG Saarbrücken NJW **1960** 306; OLG Bremen NJW **1967** 2418.

[76] *Kuhlen* NK[2] Rdn. 11; *Rudolphi/Rogall* SK[7] Rdn. 11; **aA** RGSt **51** 220 ff, **73** 126 f; OLG Bremen MDR **1968** 343; OLG Saarbrücken NJW **1960** 306 m.d. Hinw., wer als bloßer Gewerbetreibender fremde Rechtsangelegenheiten besorge, genieße nicht das Vertrauen, dessen Missbrauch nach § 356 zu sanktionieren sei; s.a. *O. Geppert* NJW **1960** 1044.

tigte aufzutreten. In Anwaltsprozessen dürfen Kammerrechtsbeistände nicht tätig werden. Auch in Prozesskostenhilfeverfahren gem. § 121 Abs. 2 ZPO ist ihre Beiordnung ausgeschlossen. Der Kammerrechtsbeistand ist befugt, in sozialgerichtlichen und verwaltungsgerichtlichen Verfahren die Prozessvertretung zu übernehmen, nicht jedoch in arbeitsgerichtlichen Verfahren.[77] Der Kammerrechtsbeistand ist „anderer Rechtsbeistand" i. S. v. § 356, weil er im Rahmen seiner Zulassung unabhängig Beistand leistet.[78]

c) Die Steuerberatung ist ein Sonderbereich der allgemeinen Rechtsberatung.[79] **23**
Steuerberater und **Steuerbevollmächtigte** sind unabhängige Organe der Steuerrechtspflege (§ 1 Abs. 2 i. V. m. § 2 BOStB).[80] Damit gehören auch Steuerberater und Steuerbevollmächtigte zum Täterkreis des § 356. Entsprechendes gilt für **Wirtschaftsprüfer** und **vereidigte Buchprüfer** (§§ 1, 2 Abs. 2, 43, 49, 129 Abs. 2 WPO).[81] Im Steuerstrafverfahren können Steuerberater, Steuerbevollmächtigte, Wirtschaftsprüfer und vereidigte Buchprüfer gem. § 392 Abs. 1 AO zu **Verteidigern** gewählt werden, soweit die Finanzbehörde das Steuerstrafverfahren selbständig führt.[82] Darüber hinaus können die steuerlichen Berater die Verteidigertätigkeit nur gemeinsam mit einem Rechtsanwalt oder Rechtslehrer ausüben. Soweit die Angehörigen der steuerberatenden Berufe eine Verteidigung führen, nehmen sie anwaltliche Aufgaben wahr, auch wenn sie nicht über eine Anwaltszulassung verfügen.

d) Der **Ehegattenbeistand** sowie der **gesetzliche Vertreter** eines Angeklagten gem. **24**
§ 149 Abs. 1, 2 StPO scheiden als „andere Rechtsbeistände" i. S. v. § 356 aus.[83] Die **Gelegenheitsbeistände** haben nur die Stellung eines Vertrauten mit begrenzten Rechten, im Wesentlichen Anhörungsrechte. Prozessuale Rechte des Angeklagten können diese Beistände nicht ausüben. Wegen der schwachen Verfahrensstellung sind sie keine Sachwalter fremder Parteiinteressen. Entsprechendes gilt für den **Beistand im Jugendstrafverfahren gem. § 69 Abs. 1, 2 JGG.**[84] Der **Erziehungsberechtigte**, der gesetzliche Vertreter oder eine andere Vertrauensperson des Jugendlichen aus der Verwandtschaft oder dem Freundeskreis erlangen durch die gerichtliche Bestellung nur eine Betreuungsfunktion. Auch wenn der Beistand gem. § 69 Abs. 3 JGG in der Hauptverhandlung die Befugnisse eines Verteidigers hat, so ist er doch nicht ausreichend unabhängig, um die Rechtsinteressen des ihm anvertrauten Jugendlichen weisungsfrei wahrnehmen zu können. Dieser Beistand hat kein freies Verkehrsrecht mit dem Inhaftierten, kein Zeugnisverweigerungsrecht, nur ein begrenztes Anwesenheitsrecht in der Hauptverhandlung und das Akteneinsichtsrecht nur nach dem Ermessen des Vorsitzenden.[85] Entsprechendes gilt für den **Beistand nach § 90 ZPO**, der die Prozesspartei beim mündlichen Vortrag in der Verhandlung unterstützt. Auch dieser Beistand ist kein unabhängiger Vertreter der Partei.[86]

---

77 BAG AnwBl. **1989** 53.

78 *Hübner* LK 10. Aufl. Rdn. 24; *Kuhlen* NK² Rdn. 11; *Rudolphi/Rogall* SK⁷ Rdn. 11; *Sch/Schröder/Cramer/Heine*²⁷ Rdn. 7.

79 BGHZ **64** 214, 218; **65** 238, 240; s. a. BGHZ **53** 103, 105 zum StBerG a. F.

80 *Sch/Schröder/Cramer/Heine*²⁷ Rdn. 7; *Pfeiffer* Festgabe Koch, S. 130; *Birkenstock* wistra **2002** 49; *Dingfelder/Friedrich* Parteiverrat A II cc (und e); *Prinz* Parteiverrat, S. 28; **aA** *Behrendt/Felix*, S. 98.

81 S. a. BGHZ **64** 214, 218 f; *Birkenstock* wistra **2002** 47, 49 f; *Prinz* Parteiverrat, S. 28, 30 f; *Hübner* LK 10. Aufl. Rdn. 29.

82 Zu den Voraussetzungen und Grenzen der Verteidigerbefugnisse von Angehörigen der steuerberatenden Berufe vgl. ausführlich *Flore/Dörn/Gillmeister* Steuerfahndung², S. 5 ff.

83 *Holz* Parteiverrat, S. 10 f; *Kretschmer* Parteiverrat, S. 133.

84 **AA** *Kretschmer* Parteiverrat, S. 132.

85 Vgl. dazu die Kommentierungen zu § 69 JGG, z. B. *Eisenberg* JGG¹¹ § 69 Rdn. 7 ff.

86 *Vollkommer* in *Zöller* ZPO²⁵ § 90 Rdn. 1.

Der Rechtsanwalt in seiner Funktion als **Zeugenbeistand** ist geeigneter Täter. Der Zeuge kann sich einen Rechtsanwalt als Zeugenbeistand wählen oder sich unter den Voraussetzungen des § 68b StPO einen Zeugenbeistand beiordnen lassen. Wenngleich die Befugnisse des anwaltlichen Zeugenbeistands begrenzt sind, weil der Beistand nicht mehr Rechte haben soll als der Zeuge selbst,[87] so nimmt er doch die Beratungen und anwaltlichen Empfehlungen, z. B. zu Auskunfts- und Zeugnisverweigerungsrechten, in anwaltlicher Unabhängigkeit wahr.

25 e) Zu den anderen Rechtsbeiständen gehören **Hochschullehrer**, soweit sie als Verteidiger nach § 138 StPO gewählt sind.[88] Rechtslehrer an Hochschulen sind alle ordentlichen und außerordentlichen, auch emeritierten Professoren, Honorarprofessoren und Privatdozenten, die die Befähigung haben, an einer deutschen Universität oder gleichrangigen wissenschaftlichen Hochschule auf dem Gebiet der Rechtswissenschaft zu lehren.[89] Der Rechtslehrer bedarf für seine Verteidigertätigkeit keiner gerichtlichen Zulassung und ist in seiner Beistandsfunktion einem Rechtsanwalt gleichgestellt. Als Verteidiger nach § 138 Abs. 1 StPO kann auch ein **Fachhochschullehrer** mit Befähigung zum Richteramt gewählt werden.[90] Die Gegenmeinung[91] verneint die Täterqualität des Hochschullehrers, weil der Rechtslehrer die Verteidigung nicht berufsmäßig[92] führe.

26 Die Vertreter der **Gerichtshilfe, Rechtspfleger**[93] und **Treuhänder** sind keine unabhängigen Sachwalter fremder Parteiinteressen und scheiden damit als Täter aus. Gleiches gilt für den **Vormund,**[94] den **Makler**[95] und den **Generalbevollmächtigten.**[96] Auch der **Justitiar** ist nicht Täter, es sei denn, er leistet Rechtsbeistand in unabhängiger anwaltlicher Funktion außerhalb seines Angestelltenverhältnisses (vgl. Rdn. 15).

27 **f)** Der **Insolvenzverwalter** (§§ 56ff InsO) scheidet als Rechtsbeistand aus und ist auch dann nicht geeigneter Täter, wenn er von Beruf Rechtsanwalt ist.[97] Als Insolvenzverwalter nimmt er keine einseitige Beistandsfunktionen wahr (§ 56 Abs. 1 InsO) und unterliegt der Aufsicht des Insolvenzgerichts, das bei Verstößen gegen die Verwalterpflichten Zwangsgelder gegen ihn festsetzen kann (§ 58 Abs. 1, 2, InsO). Gleiches gilt für den **Testamentsvollstrecker** (§§ 2197ff BGB),[98] für den anwaltlichen **Vormund** (§§ 1773ff BGB)[99] und für den **Nachlassverwalter** (§ 1985 BGB),[100] Auch in diesen Fällen handelt der Rechtsanwalt nicht als unabhängiger Sachwalter von Parteiinteressen,

---

87 BT-Drucks. 13/7165 S. 9; OLG Hamburg NJW **2002** 1590; kritisch dazu, insbesondere mit Blick auf das Akteneinsichtsrecht, *Senge* KK[5] § 69 Rdn. 9.

88 *Kuhlen* NK[2] Rdn. 11; *Tröndle/Fischer*[53] Rdn. 2a, *Lackner/Kühl*[25] Rdn. 2, *Rudolphi/Rogall* SK[7] Rdn. 11; *Otto* Grundkurs[7] § 98 Rdn. 31.

89 Vgl. BVerwG NJW **1970** 2314; *Laufhütte* KK[5] § 138 StPO Rdn. 5.

90 BGHSt **48** 350; **aA** *Laufhütte* KK[5] § 138 StPO Rdn. 5 m.w.N.; für den Verwaltungsprozess siehe § 67 Abs. 2 VwGO.

91 *Hübner* LK 10. Aufl. Rdn. 30; *O. Geppert* Parteiverrat, S. 43; *Prinz* Parteiverrat, S. 29 f, *Pfeiffer* Festgabe Koch, S. 130.

92 So insb. *Hübner* LK 10. Aufl. Rdn. 30; s. a. *Prinz* Parteiverrat, S. 29 f, der das Schutzbedürfnis des Bürgers geringer einstuft, weil der Hochschullehrer als Gelegenheitsbeistand kein Rechtspflegeorgan sei.

93 *Schl/Schröder/Cramer/Heine*[27] Rdn. 7; *Rudolphi/Rogall* SK[7] Rdn. 11; *Kuhlen* NK[2] Rdn. 12; **aA** *Lappe* Rpfleger **1985** 94.

94 BGHSt **24** 191.

95 EGH **14** 101, 103; *Rudolphi/Rogall* SK[7] Rdn. 11.

96 EGH **30** 177, 181; *Hübner* LK 10. Aufl. Rdn. 31; *Rudolphi/Rogall* SK[7] Rdn. 11.

97 Vgl. BGHSt **13** 231, 232; **45** 148, 153; *Hübner* LK 10. Aufl. Rdn. 31; *Kuhlen* NK[2] Rdn. 13; *Tröndle/Fischer*[53] Rdn. 2a; *H. Schäfer* wistra **1985** 212; s. ausf. *Kretschmer* Parteiverrat, S. 123 ff.

98 EGH **14** 93 ff; *Pfeiffer* Festgabe Koch, S. 130; *Schl/Schröder/Cramer/Heine*[27] Rdn. 6.

99 BGHSt **24** 191 f; *Kuhlen* NK[2] Rdn. 13; *Lackner/Kühl*[25] Rdn. 2; *Tröndle/Fischer*[53] Rdn. 2 a.

100 *Kuhlen* NK[2] Rdn. 12; *Maurach/Schroeder/Maiwald* BT 2 § 78 Rdn. 4; *Hübner* LK 10. Aufl. Rdn. 31.

sondern weisungsgebunden und unter Kontrolle des Nachlass- bzw. Vormundschaftsgerichts.[101]

28 Der Rechtsanwalt ist als **Geschäftsführer einer GmbH** an die Gesellschafterbeschlüsse gebunden und übt daher regelmäßig keine unabhängige anwaltliche Tätigkeit aus.[102] Das soll nach der Auffassung des BGH (BGHSt **45** 148, 153) dann nicht gelten, wenn er sich bei der Geschäftsführung als Anwalt geriert. Maßgeblich muss jedoch sein, dass der Rechtsanwalt in anwaltlicher Unabhängigkeit fremde Mandatsinteressen wahrnimmt, und nicht, welchen Eindruck er Dritten gegenüber vermittelt. Dies entspricht auch dem Schutzzweck der Norm, das Vertrauen in die zuverlässige und unabhängige Interessenvertretung zu gewährleisten (vgl. Rdn. 9).

Die **Gesellschafterstellung** des Anwalts und damit das **Eigeninteresse** am Ausgang der Rechtsstreitigkeiten führen nach Ansicht des BGH noch nicht dazu, die Beistandsleistung des Rechtsanwalts für die Gesellschaft als außerberuflich oder nichtanwaltlich anzusehen.[103] Regelmäßig sei davon auszugehen, dass der Rechtsanwalt nicht als Gesellschafter sondern in anwaltlicher Funktion handele. Jedenfalls könne er durch die bloße Erklärung, nicht als Rechtsanwalt tätig sein zu wollen, seine Beistandsleistung nicht als außerberuflich qualifizieren.[104] Ist der Beistand **im eigenen Interesse** gegen einen Mandanten tätig, scheidet der Parteiverrat aus (vgl. dazu Rdn. 38).

IV. Tathandlung

1. Dienen

29 **a) Dienen** ist jede Tätigkeit rechtlicher oder tatsächlicher Art, durch die das Interesse des Auftraggebers gefördert werden soll.[105] Der Rechtsbeistand muss die Tätigkeit im Rahmen seines spezifischen Beistandsmandats „in dieser Eigenschaft" ausüben.[106] **Außerberufliche Dienste** können berufsrechtlich z. B. nach § 113 Abs. 2 BRAO geahndet werden, wenn der Rechtsanwalt (nichtanwaltlich) als Insolvenzverwalter, Liquidator, Nachlassverwalter oder Testamentsvollstrecker tätig wird.[107] Das Dienen umfasst alle Unterstützungen des Auftraggebers zur Förderung einer Rechtssache, z. B. prozessuale und außerprozessuale Tätigkeiten, Vertragsgestaltungen, Erteilung von Auskünften, Verhandlungen mit der Gegenpartei oder Behörden, die Abgabe von Willenserklärungen, die Erstattung von Strafanzeigen etc.[108] Unerheblich ist, ob der Beistand nur gegenüber dem Mandanten oder auch mit Außenwirkung geleistet wird. Zum Begriff des Dienens gehört eine **Finalität** des Handels oder Unterlassens. Die Voraussetzungen des Dienens liegen nicht vor, wenn dem Gegner lediglich im Reflex durch ungeschickte, nachlässige oder fehlerhafte Beistandleistung Vorteile erwach-

---

101 BGHSt **13** 231 f; **24** 191 f; *Sch/Schröder/Cramer/Heine*[27] Rdn. 6; *Pfeiffer* Festgabe Koch, S. 130; **aA** *O. Geppert* Parteiverrat, S. 43 ff; *ders.* NJW **1960** 1043, 1045; *Kretschmer* Parteiverrat, S. 123 ff.

102 *Rudolphi/Rogall* SK[7] Rdn. 9; *Tröndle/Fischer*[53] Rdn. 2 a.

103 BGHSt **45** 138, 154; kritisch gegen die formalistische Sicht des Parteibegriffs *Dahs* NStZ **2000** 371.

104 BGHSt **20** 41, 44; **45** 138, 154.

105 BGHSt **7** 17, 19; OLG Karlsruhe NJW **2002** 3561 f; *Rudolphi/Rogall* SK[7] Rdn. 26; *Kuhlen* NK[2] Rdn. 18.

106 *Hübner* LK 10. Aufl. Rdn. 43, der den Parteiverrat als Berufsvergehen einstuft.

107 *Feuerich/Weyland* BRAO[6] § 113 Rdn. 16 m. w. N.; s. entspr. Regelungen in § 95 Abs. 2 PatAnwO, § 89 Abs. 2 StBerG, § 67 Abs. 2 WPO.

108 Vgl. die zahlreichen Bsp. bei *Hübner* LK 10. Aufl. Rdn. 72.

sen.[109] Handlungen im Vorfeld einer Dienstleistung scheiden aus, weil der Täter „durch **Rat oder Beistand**" dienen muss (s. Rdn. 52 f). Kein Dienen liegt vor, wenn der Beistand lediglich **„technische" Hilfe** leistet, z. B. die Postversendung übernimmt oder als reine Schreibhilfe ohne inhaltliche Gestaltung Schriftsätze herstellt.[110] Wenn dagegen der Rechtsanwalt auf Anforderung der gegnerischen **Haftpflichtversicherung** dieser einen von ihm **zu beschaffenden Aktenauszug** zur Verfügung stellt, so dient der Rechtsbeistand dem Verfahrensgegner durch Informationsbeschaffung (zum Interessengegensatz s. Rdn. 78). Die Möglichkeit der Versicherungsgesellschaft, sich den **Aktenauszug** auch auf anderem Weg zu beschaffen, ist dafür unerheblich.[111] Der Fall ist vergleichbar der Übersendung einer Urkunde an den Gegner, wenn das Dokument, für den Mandanten sowohl günstige als auch ungünstige Inhalte verkörpert.

Die Dienstleistung muss **nicht berufstypisch** sein. Es genügt, dass sie die Parteiinteressen fördern soll. Auf den Erfolg des Dienens kommt es nicht an. Unerheblich ist ferner, ob die Raterteilung oder Beistandleistung gegen Entgelt oder **unentgeltlich** geleistet wird.[112] Die Unentgeltlichkeit kann jedoch ein Anzeichen für eine unverbindliche Gefälligkeit sein, so dass dem Beistand die Angelegenheit nicht „anvertraut" wurde[113] (s. Rdn. 84).

30 b) Der **Mediator** übt anwaltliche Tätigkeit aus und unterliegt auch insoweit den Regeln des anwaltlichen Berufsrechts (§ 18 BORA). Damit gilt grundsätzlich auch das Verbot, widerstreitende Interessen zu vertreten gem. § 43 a Abs. 4 BRAO. Der Mediator ist **kein Schiedsrichter oder Schlichter.**[114] Er unterstützt die Mediationsparteien, die Lösung ihrer (Rechts-) Probleme selbst zu erarbeiten, mit dem Ziel, eine rechtsverbindliche Einigung herbeizuführen.[115] Im Rahmen der Mediation kann ein Anwalt als Mediator oder als Berater bzw. Vertreter *einer* Partei beteiligt sein. Als Beistand einer Partei gelten für ihn insoweit keine Besonderheiten. Als Mediator hat es der Rechtsanwalt übernommen, zwischen den Parteien mit widerstreitenden Interessen in derselben Rechtssache zu vermitteln. In der Mediation **dient** der Mediator **beiden Parteien** durch Rat oder Beistand mit dem Ziel eines Interessenausgleichs. Insoweit unterscheidet sich die neutrale Stellung des Mediators von dem Beistand einer Partei.[116] Als Mediator dient der Anwalt jedoch **keinen entgegengesetzten Interessen.** Der Interessenwiderstreit ist ungeschriebenes Tatbestandsmerkmal des Parteiverrats[117] (zum Interes-

---

109 Vgl. OLG Düsseldorf NStE **3** zu § 356 StGB; *Sch/Schröder/Cramer/Heine*[27] Rdn. 15 f; *O. Geppert* Parteiverrat, S. 119 f; *Meyer* AnwBl. **2000** 80 f; *Hübner* LK 10. Aufl. Rdn. 36; *Rudolphi/Rogall* SK[7] Rdn. 26; *Prinz* Parteiverrat, S. 40.

110 *Kimmig* AnwBl. **1971** 127 f; *Stephan/Wolkenhauer* AnwBl. **1971** 200.

111 Der Vorwurf des Parteiverrats wird jedoch regelmäßig daran scheitern, dass die Überlassung eines Aktenauszugs zur Interessenvertretung des *eigenen* Mandanten gehört, z. B. um die Schadensregulierung zu beschleunigen; zutreffend *Dahs* Handbuch[7], S. 60 f. Ausnahmsweise kann die Aktenüberlassung an den Gegner bedenklich sein, wenn dem eigenen Mandanten durch die damit verbundene Verfahrensbeschleunigung Nachteile erwachsen (Gegner kann den Verjährungseintritt noch verhindern). Grundsätzliche Bedenken gegen die Aktenvermittlung an den Gegner hat *Hübner* LK 10. Aufl. Rdn. 89.

112 Vgl. BGH 1 Str. 380/65 v. 1. 2. 1966, S. 4; *Hübner* LK 10. Aufl. Rdn. 33, 45.

113 Vgl. BGHSt **20** 41, 44.

114 Vgl. *Rüssel* NJW **2000** 2800 ff; ausführlich *Haft/Schlieffen/Kracht* S. 384; Empfehlungen der BRAK-Arbeitsgruppe Mediation, BRAK-Mitt. **1999** 25.

115 Vgl. Schlussbericht des BRAK-Ausschusses Mediation, BRAK-Mitt. **1996** 186.

116 Zur neutralen Stellung vgl. OLG Hamm MDR **1999** 836; *Haft/Schlieffen/Eisele* S. 811; Schlussbericht des BRAK-Ausschusses Mediation, BRAK-Mitt. **1996** 186.

117 BGHSt **5** 284, 287; **7** 17, 22; **18** 192, 200; BGH NStZ **1982** 485; *O. Geppert* Parteiverrat, S. 87; *Dingfelder/Friedrich* Parteiverrat A II cc (und e), S. 66 f; *Kuhlen* NK[2] Rdn. 38; *Lackner/Kühl*[25] Rdn. 7.

sengegensatz vgl. Rdn. 55ff, 62). Wegen der fehlenden Disponibilität des Rechtsguts wäre eine Einwilligung in ein interessengegensätzliches Handeln unerheblich.[118] Im Rahmen der Gestaltung von Parteiinteressen, kann jedoch der Gegenstand des Mandats insoweit begrenzt werden, als der Rechtsanwalt nur zur Realisierung übereinstimmender Interessen tätig werden soll. Dies entspricht dem Mediationsmandat. Der Mediator vertritt nicht eine Partei gegen die andere, sondern hilft beiden, ihre jeweiligen Interessen zu erkennen, zu gewichten und diese mit denen der anderen Partei selbst in Ausgleich zu bringen. Der Mediator dient damit nicht interessengegensätzlich.[119] Nach Beendigung der Mediation ist die Vertretung der einen Partei gegen die andere interessengegensätzlich und damit pflichtwidrig.

c) Neben der tatbestandlichen Prüfung, wer als „Anwalt" oder „anderer Rechtsbeistand" i. S. v. § 356 geeigneter Täter ist, muss im konkreten Fall festgestellt werden, welchem von mehreren in einem Büro tätigen Rechtsbeiständen die Angelegenheit tatsächlich anvertraut wurde. In vielen Fällen wird sich der Rechtsuchende an einen Anwalt wenden, der sich mit anderen zu einer **gemeinsamen Berufsausübung** in einer **Bürogemeinschaft** oder einer **Sozietät** zusammengeschlossen hat. Eine Bürogemeinschaft (§ 59 a Abs. 4 BRAO) liegt vor, wenn Rechtsanwälte ein gemeinsames Büro betreiben, sich die insoweit Kosten teilen, ohne jedoch Mandate gemeinsam anzunehmen und zu bearbeiten. In dieser büroorganisatorischen Gemeinschaft bleiben die Rechtsanwälte beruflich selbstständig und haften untereinander nicht gesamtschuldnerisch. Durch die Mandatserteilung an einen in Bürogemeinschaft tätigen Rechtsanwalt werden die anderen Rechtsanwälte in die Mandatspflichten nicht einbezogen.[120] **31**

Wird der Auftrag einem **Soziusanwalt** erteilt, so stellt sich für die Verantwortlichkeit der assoziierten Rechtsanwälte die Frage, ob auch ihnen die Sache **anvertraut** ist und unter welchen Voraussetzungen sie der Partei „dienen". Nach einer verbreiteten Meinung soll die Rechtsangelegenheit regelmäßig allen Sozien anvertraut sein, unabhängig davon, ob sie mit dem Mandat tatsächlich befasst sind.[121] Dies gilt jedoch nicht für Sozien, die erst nach Auftragserteilung in die Sozietät eintreten und mit der Sache nicht befasst sind.[122] **Sozietätsfähig** sind gem. § 59a Abs. 1 BRAO nicht nur Rechtsanwälte, sondern auch andere Rechtsbeistände i. S. v. § 356, nämlich Anwaltsnotare, Kammerrechtsbeistände, Steuerberater, Steuerbevollmächtigte, Wirtschaftsprüfer und vereidigte Buchprüfer.[123] Die grundsätzliche Verpflichtung aller Sozien entspricht den Vorschriften über die bürgerliche Gesellschaft, §§ 705ff BGB (BGHZ **56** 355, 357ff). Der Mandant entscheidet, wem er die Rechtssache anträgt. Erwartet er erkennbar die Erfüllung seines Auftrags von allen Rechtsanwälten der Sozietät, so sind mit der Mandatsannahme alle Sozien verpflichtet.[124] Soweit den Sozien die **32**

---

118 Vgl. BGHSt **17** 305; **18** 192; s. Rdn. 93.

119 *Haft/Schlieffen/Eisele* S. 811 f; *Feuerich/Weyland* BRAO⁶ § 18 BO Rdn. 3; *Meyer* AnwBl. **2000** 80 ff.

120 *Prinz* Parteiverrat, S. 179; *Sch/Schröder/Cramer/Heine*[27] Rdn. 9; *Rudolphi/Rogall* SK[7] Rdn. 11; *Pfeiffer* Festgabe Koch, S. 134.

121 BGHSt **20** 41; OLG Hamm NJW **1955** 803; *Hübner* LK 10. Aufl. Rdn. 15; *O. Geppert*, Parteiverrat, S. 110 f; *Maurach/Schroeder/Maiwald* BT 2 § 78 Rdn. 3; einschränkend OLG Stuttgart NStZ **1986** 412f: „möglicherweise … anvertraut"; ebenso *Lackner/Kühl*[25] Rdn. 3; *Sch/Schröder/Cramer/Heine*[27] Rdn. 9; s. a. *Baumann/Pfohl* JuS **1983** 24, 26.

122 OLG Stuttgart NStZ **1986** 412f m. Anm. *Gatzweiler* NStZ **1986** 413 u. Anm. *Dahs* JR **1986** 349, 406.

123 Der Katalog der sozietätsfähigen Berufsträger ist abschließend, AGH Baden-Württemberg BRAK-Mitt. **1995** 169 f.

124 Vgl. dazu *Sch/Schröder/Cramer/Heine*[27] Rdn. 9; *O. Geppert* MDR **1959** 352f; *Pfeiffer* Festgabe Koch, S. 135; *Hübner* LK 10. Aufl. Rdn. 15. Zur gemeinschaftlichen Verpflichtung und Haftung einer sog. Außensozietät vgl. BGH NJW **1999** 3040; *Henssler/Prütting/Hartung*[2] BRAO § 59a Rdn. 19.

Rechtssache anvertraut ist, sind sie **geeignete Täter** des Parteiverrats. Die Täterqualität besteht unabhängig davon, ob der einzelne Sozius mit der Bearbeitung der Rechtssache persönlich befasst ist. Insoweit kann es aber am Tatbestandsmerkmal „dienen" fehlen.

Für das **Straf- und Bußgeldverfahren** ist die Besonderheit anerkannt, dass mehrere Rechtsanwälte einer Sozietät gleichzeitig verschiedene Beschuldigte verteidigen dürfen, ohne gegen § 146 StPO zu verstoßen.[125] Die auf den jeweils beauftragten Rechtsanwalt beschränkte Mandatierung leidet nicht darunter, dass auf der Vollmachtsurkunde sämtliche Sozien der Kanzlei aufgeführt sind. Das BVerfG (BVerfGE **43** 79, 93) hat darin kein Hindernis gesehen, weil es zur Begründung der Verteidigerstellung darauf ankommt, welcher Anwalt das Mandat durch ausdrückliche Erklärung oder durch schlüssiges Verteidigerverhalten tatsächlich annimmt.[126]

Umstritten ist, ob die für das Straf- und Bußgeldverfahren überwiegend anerkannte Regelung auf andere Rechtsgebiete übertragbar ist. Der BGH (BGHSt **40** 188) gestattet eine ausdrückliche oder schlüssige **Mandatsbeschränkung** auf bestimmte Rechtsanwälte einer Sozietät. Dem ist zuzustimmen. Die Möglichkeit der selektiven Beauftragung von Rechtsanwälten einer Sozietät ist nicht auf Strafverteidigungen beschränkt.[127] Die Vertrauensgrundlage, die in Strafsachen regelmäßig besonderes Gewicht hat, muss in anderen Mandatsverhältnissen nicht geringer sein. Nach der Struktur der Großbüros und überörtlichen Sozietäten ist es lebensfremd, dass der Mandant seine Rechtssache tatsächlich allen Sozien anvertrauen will. Seine Erwartung, dass die tatsächlich mit der Sache befassten Sozien ergänzenden Rat von einem Spezialisten „im Hause" einholen, begründet noch kein Mandatsverhältnis gegenüber allen Rechtsanwälten der Sozietät. Die Rechtssache ist nur den Rechtsanwälten anvertraut, die im Einverständnis mit dem Mandanten tatsächlich Zuarbeiten leisten. Die Möglichkeit der Beschränkung des Auftrags auf einzelne Sozien verlangt Klarheit der Mandatsverhältnisse im Einzelfall. Die beauftragten Vertragspartner müssen feststehen, um die Vertragserfüllung und den Umfang der Treuepflichten auch mit Blick auf das Verbot des Parteiverrats bestimmen zu können. Regelmäßig wird der Mandant nur den Sozien seine Rechtssache anvertrauen, von denen er wegen eines bereits bestehenden Vertrauensverhältnisses oder wegen einschlägiger Spezialkenntnisse eine qualifizierte Bearbeitung seiner Angelegenheit erwartet.[128] Die Feststellung, welchen Sozien eine Rechtssache **anvertraut** ist, kann im Einzelfall schwierig sein, ist aber unumgänglich, weil das Anvertrautsein nicht fingiert werden darf.[129] Von der Feststellung, welchen

---

125 BVerfGE **43** 79; **45** 354; *Sch/Schröder/Cramer/Heine*[27] Rdn. 9; *Pfeiffer* Festgabe Koch, S. 135.

126 *Hübner* LK 10. Aufl. Rdn. 38; *Dingfelder/Friedrich* Parteiverrat A IV. lehnen die Entscheidung des BVerfG ab.

127 So zutreffend *Dahs* JR **1986** 349; *Sch/Schröder/Cramer/Heine*[27] Rdn. 9; *Rudolphi/Rogall* SK[7] Rdn. 14; vgl. *Prinz* Parteiverrat, S. 180 ff; *Gatzweiler* NStZ **1986** 411; *Krekeler*, S. 339, 344; *Hartmann* JR **2000** 51, 53 f; **aA** *O. Geppert*, Parteiverrat, S. 164 ff; *Pfeiffer* Festgabe Koch, S. 135 f; s. a. *Baumann/Pfohl* JuS **1983** 24, 26. In Beiordnungsverfahren nach § 121 ZPO wird nicht die Sozietät, sondern nur der einzelne namentlich zu benennende Anwalt beauftragt (OLG Düsseldorf JurBüro **1967** 979; LAG Nürnberg MDR **2002** 1084). Gleiches gilt für die Bestellung eines Pflichtverteidigers gem. §§ 141 ff StPO.

128 Befürwortend auch mit Blick auf den Strukturwandel der Anwaltschaft *Dahs* JR **1986** 349 f; *Kuhlen* NK[2] Rdn. 17; *Rudolphi/Rogall* SK[7] Rdn. 14; s. a. *Prinz* Parteiverrat, S. 179 ff; *Holz* Parteiverrat, S. 14 ff; *Kleine-Cosack* AnwBl. **1998** 417 f; gegen eine entsprechende Anwendung der strafverfahrensrechtlichen Ausnahmeregelung für anderen Verfahren *Pfeiffer* Festgabe Koch, S. 136.

129 Auch die anstehende Neufassung des § 3 Abs. 2 BORA verlangt die Feststellung, welche Rechtsanwälte tatsächlich beauftragt sind. Danach soll das Verbot, widerstreitende Interessen innerhalb einer Sozietät zu vertreten (Sozietätserstreckung), nicht gelten, wenn sich der Mandant nach umfassender Information mit der Vertre-

Sozien eine Sache anvertraut ist, muss unterschieden werden, welche Rechtsanwälte durch Rat oder Beistand **dienen**. So hat das OLG Stuttgart (NStZ **1986** 412) die Frage nach dem Anvertrauensverhältnis offen gelassen und die Tatbestandsmäßigkeit verneint, weil der mit der Sache nicht befasste Sozius den Parteiinteressen jedenfalls nicht „gedient" hat (Rdn. 29).

d) Der Parteiverrat ist ein schlichtes **Tätigkeitsdelikt.**[130] Der Täter kann einer Partei auch **durch Unterlassen dienen,**[131] indem er z. B. eine Frist versäumt oder einen Termin verstreichen lässt, günstige Tatsachen nicht vorträgt, Beweisverwertungsverbote nicht reklamiert etc. Dadurch kann die eigene Partei benachteiligt und die Gegenpartei begünstigt werden. Erforderlich ist, dass der Täter es **zielgerichtet** unterlässt, durch Untätigkeit die Interessen einer Partei zu fördern. Ob die Partei tatsächlich Vorteile erlangt, ist für die Tatbestandsmäßigkeit ohne Bedeutung.[132] Die **Finalität des Handels oder Unterlassens** ist im Betriff „dienen" enthalten. Daher wird der Tatbestand nicht verwirklicht, wenn die Belange der Gegenpartei nur als bloße Folge unterstützt werden, weil der Beistand dem eigenen Mandanten einen unvollständigen Rat erteilt oder nachlässigen Beistand geleistet hat.[133] Im Einzelfall mag die Zielrichtung des Unterlassens schwer nachweisbar sein. Die gleichen Beweisschwierigkeiten bestehen jedoch, wenn der Rechtsbeistand die Interessen der Gegenpartei durch positives Tun fördert. Auch hier kommt es auf die Zielrichtung der Handlung an. Wird die Gegenpartei lediglich als Folge einer mangelhaften Mandatsführung besser gestellt, liegt kein „dienen" vor. Der Rechtsbeistand hat eine **Garantenstellung** gem. § 13 Abs. 1 kraft Auftragsverhältnisses. Der Auftrag kann durch privatrechtlichen Geschäftsbesorgungsvertrag oder durch amtliche Bestellung bzw. Beiordnung[134] begründet werden. Ob eine Strafrahmenmilderung nach § 13 Abs. 2 in Betracht kommt, hängt nach st. Rspr. von einer „wertenden Gesamtbetrachtung" ab (BGHR § 13 Abs. 2 StGB StRVersch. 1).[135] 33

e) Der Tatbestand verlangt, dass der Rechtsbeistand einer Partei in einer Rechtssache **dient**, die dem Beistand „in dieser Eigenschaft" anvertraut ist. Das Merkmal „dienen" steht in einem engem Zusammenhang mit der anvertrauten Angelegenheit. Die **private Gefälligkeitsunterstützung** einer Partei genügt nicht[136] (zur Abgrenzung einer anvertrauten Angelegenheit von einer unverbindlichen Gefälligkeit siehe Rdn. 84). Dient der Rechtsbeistand im Rahmen einer gesellschaftlichen Gefälligkeit **nichtanwaltlich** oder außerhalb seiner unabhängigen Beistandstätigkeit einer anderen Partei, so mag dies vertrauenserschütternd sein und einen Verstoß gegen Berufspflich- 34

tung der anderen Partei ausdrücklich einverstanden erklärt und Belange der Rechtspflege nicht entgegenstehen (Protokoll über die 5. Sitzung des Ausschusses 4 der 3. Satzungsversammlung der Bundesrechtsanwaltskammer v. 11. 10. 2005).

130 *Hübner* LK 10. Aufl. Rdn. 40.

131 BayOBLG NJW **1959** 2223; *Kuhlen* NK² Rdn. 22; *Lackner/Kühl*[25] Rdn. 6; *Rudolphi/Rogall* SK⁷ Rdn. 26; *Tröndle/Fischer*[53] Rdn. 10; **aA** *Kalsbach* Gedenkschrift Cüppers, S. 384; *ders.* Standesrecht, S. 384; *Gatzweiler* NStZ **1986** 413 f (aktive anwaltliche Tätigkeit); vgl. zum Meinungsstreit *Prinz* Parteiverrat, S. 35 ff.

132 BGH NJW **1964** 2430.

133 OLG Düsseldorf NStE **3** zu § 356 StGB; *Hübner* LK 10. Aufl. Rdn. 36; *Rudolphi/Rogall* SK⁷ Rdn. 26; *Sch/Schröder/Cramer/Heine*[27] Rdn. 16; *O. Geppert* Parteiverrat S. 119 f; Meyer AnwBl. **2000** 80 f; *Prinz* Parteiverrat, S. 40.

134 Vgl. *Hübner* LK 10. Aufl. Rdn. 40; *Kuhlen* NK² Rdn. 32; *Dingfelder/Friedrich* Parteiverrat A IV.; *Prinz* Parteiverrat, S. 37.

135 *Kuhlen* NK² Rdn. 22 (Anm. 74) m. Hinw. auf die ähnlich gelagerte Entscheidung BGHSt **36** 227 ff (zu § 266).

136 BGHSt **7** 17, 19; **20** 41 f; **24** 191; **45** 148, 153; OLG Zweibrücken wistra **1994** 311, 313; *Kuhlen* NK² Rdn. 21; *Sch/Schröder/Cramer/Heine*[27] Rdn. 15; *Tröndle/Fischer*[53] Rdn. 3.

ten darstellen.[137] Nur soweit der Rechtsbeistand als unabhängiger Funktionsträger innerhalb der Rechtspflege tätig ist, kann er tatbestandlich handeln.[138] Zur Unentgeltlichkeit des Dienens siehe Rdn. 29, 84.

35 f) Der Anwalt oder „andere Rechtsbeistand" müssen in ihrer beruflichen Eigenschaft bzw. im Rahmen ihrer unabhängigen Beistandstätigkeit Dienen (vgl. Rdn. 29 ff). Bei **Mehrfachberuflern** genügt es für die Tatbestandsmäßigkeit, wenn der Beauftragte zunächst in der einen Beistandstätigkeit und später in einer anderen Beistandsfunktion widerstreitende Interessen in derselben Angelegenheit vertritt. Wer von der einen Partei z. B. als Rechtsanwalt und von einer anderen in derselben Angelegenheit als **Steuerberater** oder **Wirtschaftsprüfer** mandatiert ist, handelt jeweils als „Rechtsbeistand" i. S. v. § 356.[139] Dies folgt schon aus dem Merkmal „anderer Rechtsbeistand", das auch den Anwalt einbezieht. Wer als Anwaltsnotar zunächst in Notarfunktion nach § 24 BNotO eine Partei als ein „anderer Rechtsbeistand" berät und in derselben Rechtssache als Rechtsanwalt einer anderen Partei Beistand leistet, handelt tatbestandsmäßig.[140]

36 § 356 setzt voraus, dass der **Rechtsbeistand** beiden Parteien in dieser Eigenschaft (als Anwalt oder anderer Rechtsbeistand) dient.[141] Die Gegenansicht[142] lässt genügen, dass der Rechtsbeistand nur dem ersten Auftraggeber in unabhängiger Beistandsfunktion dient, während er der anderen Partei außerhalb seiner beruflichen oder im Einzelfall bestellten Tätigkeit unterstützt. Dieser Ansicht ist zu begegnen. Schon der Gesetzeswortlaut verlangt, dass der Rechtsbeistand **beiden Parteien in dieser Eigenschaft** pflichtwidrig dient. Wenn also ein Rechtsanwalt nach einer privaten Beratung oder in abhängiger Funktion eine Partei unterstützt und einer anderen Partei in derselben Rechtssache in unabhängiger Funktion anwaltlich dient, so liegt ein Vertrauensbruch, aber kein Parteiverrat vor (siehe Rdn. 77). Das Gleiche gilt, wenn z.B. ein Rechtsanwalt nach beruflicher Beratung in dergleichen Rechtsangelegenheit für eine andere Partei private Gefälligkeitsauskünfte erteilt.[143]

37 Der Anwalt oder andere Rechtsbeistand dient **außerberuflich**, soweit er nicht in unabhängiger Funktion Rat erteilt oder Beistand leistet (zu den tätergeeigneten Rechtsbeiständen vgl. Rdn. 18 ff). Rechtsbeistände dienen in täteruntauglicher Funktion als **Syndikus** und **Justitiar**, soweit der Beistand für den Dienstherrn tätig ist, ferner als **Vormund, Testamentsvollstrecker, Makler, Vermögensverwalter** und **Insolvenzverwalter** (vgl. zu den Nachweisen Rdn. 15, 17, 19, 27).

38 g) Der Rechtsbeistand muss **beiden Parteien** – nicht notwendigerweise gleichzeitig – **dienen**. Ist der Beistand im **eigenen Interesse** gegen seinen Mandanten tätig, scheidet ein Parteiverrat aus.[144] Ein Rechtsanwalt, der seinen Mandanten zur Durchsetzung

---

137 Nach § 43 S. 2 BRAO hat sich der Rechtsanwalt innerhalb oder außerhalb seines Berufs der Achtung und des Vertrauens, welche die Stellung des Rechtsanwalts erfordert, würdig zu erweisen. Zum Normumfang des Verbots, gem. § 43a BRAO keine widerstreitenden Interessen zu vertreten, vgl. *Henssler/Prütting/Eylmann*² BRAO § 43 a Rdn. 131 ff.

138 Vgl. *Kretschmer* Parteiverrat, S. 185.

139 *Hübner* LK 10. Aufl. Rdn. 46.

140 *Hübner* LK 10. Aufl. Rdn. 47; bedenklich die Entscheidung EGH Celle XII 124 ff, 128 f (zu § 43, 45 BRAO a.F.): Danach soll es einem Anwaltsnotar, der in einer bestimmten Angelegenheit als Notar tätig war, nicht generell verboten sein, einem an dem Notariatsgeschäft Beteiligten anwaltlich zu vertreten, wenn zwischen beiden Tätigkeiten ein Zusammenhang besteht.

141 BGHSt **20** 41 ff; RG JW **1937** 3304; *Hübner* LK 10. Aufl. Rdn. 51.

142 *O. Geppert* Parteiverrat, S. 117; *Prinz* Parteiverrat, S. 43; *Sch/Schröder/Cramer/Heine*²⁷ Rdn. 15.

143 Vgl. *Sch/Schröder/Cramer/Heine*²⁷ Rdn. 15; *Pfeiffer* Festgabe Koch, S. 127, 130 f; *Kuhlen* NK² Rdn. 16; *Rudolphi/Rogall* SK⁷ Rdn. 15.

144 BGHSt **12** 96, 98 f; *Kuhlen* NK² Rdn. 23; *Lackner/Kühl*²⁵ Rdn. 6.

der eigenen Anwaltsvergütung verklagt, handelt nicht tatbestandsmäßig.[145] Eigeninteresse eines Beistands, etwa als Gesellschafter einer GmbH, schließt den Tatbestand nicht aus, wenn er für die GmbH in deren Rechtsstreitigkeiten rechtsbesorgend tätig wird.[146] Der BGH stellt *formal* darauf ab, ob der Anwalt eigene Interessen als Partei gegen einen von ihm vertretenen Auftraggeber (z. B. juristische Person) verfolgt.[147] Auch der wirksam bestellte organschaftliche Vertreter nimmt im Verfahren nur die Rechte der juristischen Person, nicht aber die ihm zustehenden **eigenen** Rechte wahr.[148]

2. Partei

Parteien sind die an einer Rechtssache rechtlich beteiligten natürlichen oder juristischen Personen.[149] Partei ist nicht, wer an der Rechtsangelegenheit nur ein **tatsächliches Interesse** hat, wie z. B. der Gutachter, der um die Akzeptanz seiner sachverständigen Ausführungen besorgt ist, oder der Zeuge, der nur wissen will, ob seine Bekundungen zur Überzeugung des Gerichts geführt haben. Ausreichend für die Parteistellung ist, dass die Person ein **rechtliches Anliegen** verfolgt.[150] Der Interessengegensatz ist keine Voraussetzung des Parteibegriffs.[151] 39

a) Die **Parteien** müssen nicht **Prozessgegner** sein.[152] Sie müssen sich nicht kennen und auch nicht wissen, wer in derselben Rechtsangelegenheit widerstreitende Interessen vertritt.[153] Partei ist bereits, wer sich durch den Beistand nur beraten lässt.[154] Förmliche Verfahrensgegner im Prozess sind auch dann Parteien, wenn sie das Verfahren mit übereinstimmenden Anträgen betreiben (z. B. im Scheidungsverfahren) oder durch Vergleich beenden.[155] **Gesamtschuldner** und **Gesamtgläubiger** sind Parteien mit übereinstimmenden Interessen, solange sie gemeinsam gegen den Gläubiger bzw. den Schuldner streiten. Sobald es im jeweiligen Innenverhältnis um Ausgleichsforderungen geht (z. B. §§ 421, 426, 428, 430 BGB), bestehen zwischen denselben Parteien widerstreitende Interessen.[156] Für das Rechtsverhältnis unter Beteiligung eines **Bürgen** (§§ 765, 774 BGB) gilt folgendes: Der Anwalt des Gläubigers darf in einem Rückgriffsverfahren weder den in Anspruch genommenen Bürgen gegen den Hauptschuldner noch den Hauptschuldner gegen den Bürgen vertreten. Der Rechtsbeistand, der den Bürgen im Hauptprozess unterstützt, ist gehindert, den Bürgen im Rückgriffsverfahren gegen den Hauptschuldner zu vertreten, weil er zuvor die Begründetheit des Anspruchs gegenüber dem Gläubiger bestritten hat. Dagegen ist es unbedenklich, 40

---

145 *Hübner* LK 10. Aufl. Rdn. 54.

146 Vgl. BGHSt **45** 148 m. krit. Anm. *Dahs* NStZ **2000** 371 und *Brauns* JR **2000** 521.

147 BGHSt **12** 96, 98; **45** 148, 151 f.

148 Der BGH lässt offen, ob eine andere Beurteilung gerechtfertigt ist, wenn der Anwalt als Alleingesellschafter einer Ein-Mann-GmbH handelt. *Dahs* NStZ **2000** 371 f kritisiert die sehr formalen Kriterien bei der Bestimmung der Parteistellung und verlangt eine stärkere Berücksichtigung der anwaltlichen Eigeninteressen bei der Auslegung des Parteibegriffs. Wenn der Rechtsanwalt in einer parteiähnlichen Stellung, z. B. als Mitgesellschafter, quasi eine eigene Rechtssache führt, sei dies tatbestandsausschließend und könne auch das Vertrauen der Allgemeinheit in die Integrität der Anwaltschaft nicht beeinträchtigen.

149 BGHSt **45** 148, 152; *Baier* wistra **2001** 401, 404; *Kuhlen* NK² Rdn. 24.

150 *Baier* wistra **2001** 401, 404; *Hübner* LK 10. Aufl. Rdn. 53; *Kuhlen* NK² Rdn. 24; vgl. ausführlich *Prinz* Parteiverrat, S. 124 ff.

151 Vgl. *Kuhlen* NK² Rdn. 24; *Prinz* Parteiverrat, S. 124; *Holz* Parteiverrat, S. 49 ff; **aA** *Rudolphi/Rogall* SK⁷ Rdn. 23; *O. Geppert* Parteiverrat, S. 38; vgl. auch *Hübner* LK 10. Aufl. Rdn. 54.

152 *Lackner/Kühl*²⁵ Rdn. 4; *Rudolphi/Rogall* SK⁷ Rdn. 23.

153 RGSt **66** 320; **71** 115; *Sch/Schröder/Cramer/Heine*²⁷ Rdn. 13.

154 *Pfeiffer* Festgabe Koch, S. 132.

155 *Hübner* LK 10. Aufl. Rdn. 56.

156 *Hübner* LK 10. Aufl. Rdn. 61.

wenn der Hauptschuldner und der Bürge sich gegen die Inanspruchnahme durch den Gläubiger mit Unterstützung desselben Rechtsbeistands wehren.[157]

41 **Parteien** sind auch die zur **Haupt- oder Nebenintervention** Berechtigten, ohne dass es darauf ankommt, ob sie von ihrem Recht nach §§ 64, 66 ZPO Gebrauch machen.[158] Gleiches gilt für den **Streitverkündeten** gem. §§ 72 ff ZPO und den **Vorkaufsberechtigten** bei der Auflassungsklage des Käufers gegen den Verkäufer.[159] Partei ist ferner der **Verletzte** im Strafverfahren,[160] wobei es nicht darauf ankommt, ob er selbst eine Strafanzeige erstattet oder einen Strafantrag gestellt hat,[161] ob er die öffentliche Klage nach § 172 StPO erzwungen oder ob das Verfahren von Amts wegen eingeleitet wurde.[162] Im Insolvenzverfahren sind die **insolvenzbeteiligten** Parteien sowohl untereinander als auch gegenüber dem Gemeinschuldner bzw. dem Insolvenzverwalter.[163]

42 **b)** Die **Mitbeschuldigten** einer Straftat sind **Parteien** i. S. v. § 356. Unerheblich ist, ob die Verfahren, die sich auf dieselbe prozessuale Tat (§ 264 StPO) beziehen, verfahrensrechtlich verbunden sind. Auch auf den jeweiligen Verfahrensstand kommt es nicht an. Parteien sind Beteiligte, die von den materiellrechtlichen oder verfahrensrechtlichen Folgen einer Rechtssache betroffen sind. Zum Parteibegriff gehört nicht, dass die Beteiligten in derselben Sache widerstreitende Interessen vertreten.[164] Eine Gegenmeinung verbindet den Parteibegriff mit einem rechtlichen **Interessengegensatz** zwischen den Beteiligten.[165] Zutreffend hat das OLG Stuttgart NStZ **1990** 542 entschieden, dass **Beschuldigte derselben Straftat** untereinander Parteien sein können und die Frage der gemeinsamen oder entgegen gesetzten Interessen davon unabhängig zu beurteilen ist.[166] Nach anderer Ansicht soll den Mitbeschuldigten keine Parteistellung zukommen, weil sie keine *rechtlich* widerstreitenden Interessen verfolgten. Das bloß tatsächliche Interesse am Ausgang des Strafverfahrens genüge für die Parteieigenschaft nicht.[167] Diese Auffassung geht auf eine Entscheidung des BGH[168] zurück, nach der das tatsächliche Interesse der Beteiligten (Mittäter, Anstifter oder Gehilfe) am Verfahrensausgang nicht ausreiche. Der Beschuldigte trete im Strafverfahren dem staatlichen Strafanspruch entgegen und sei damit nicht Partei. Dieser Ansicht ist entgegenzuhalten, dass der Verfahrensausgang von der meist streitigen materiellrechtlichen und prozessualen Rechtsanwendung abhängt.

43 Im **Strafprozess** sind die **Beschuldigten** und die durch die Tat (möglicherweise) **verletzten Personen** Parteien,[169] auch wenn das Tatopfer weder als **Privat-** noch als

---

157 *Hübner* LK 10. Aufl. Rdn. 63.

158 *Rudolphi/Rogall* SK[7] Rdn. 23.

159 Vgl. BGHSt **22** 157, 160, 162.

160 OLG Hamm NJW **1955** 803.

161 BGHSt **5** 284, 286.

162 Vgl. BGHSt **3** 400, 401; **5** 284, 285 f; *Kuhlen* NK[2] Rdn. 25; *Prinz* Parteiverrat, S. 55 ff, 129 ff; *Rudolphi/Rogall* SK[7] Rdn. 23; *Sch/Schröder/Cramer/Heine*[27] Rdn. 13.

163 *Hübner* LK 10. Aufl. Rdn. 55; zum Schuldner im Insolvenzverfahren BGHSt **7** 19.

164 Vgl. BGHSt **5** 301, 304; BGH AnwBl. **1962** 221; RGSt **71** 114, 115; *Hübner* LK 10. Aufl. Rdn. 55, 58.

165 *Prinz* Parteiverrat, S. 47; *Pfeiffer* Festgabe Koch, S. 132.

166 S. a. befürwortend die Anm. von *K. Geppert* NStZ **1990** 542, 543 f; im Ergebnis ebenso OLG Oldenburg NStZ **1989** 533 (für die Vertretung von Nebentätern einer fahrlässigen Körperverletzung) *Lackner/Kühl*[25] Rdn. 5 (zur identischen Rechtssache), *O. Geppert* Parteiverrat, S. 78 ff; *Kuhlen* NK[2] Rdn. 25, 26; *Maurach/Schroeder/Maiwald* BT 2 § 78 Rdn. 9; s. a. OLG Zweibrücken NStZ **1995** 35 f; **aA** *Kretschmer* Parteiverrat, S. 205 ff.

167 OLG Frankfurt NJW **1955** 880; *Rudolphi/Rogall* SK[7] Rdn. 23; *Sch/Schröder/Cramer/Heine*[27] Rdn. 13; *Schmidt-Leichner* NJW **1959** 133.

168 BGH 2 StR 198/1951 v. 16. 12. 1951, zitiert bei *Kalsbach* AnwBl. **1954** 187, 189.

169 BGHSt **3** 400; **5** 285.

Nebenkläger auftritt.[170] Umstritten ist die Parteistellung des **Zeugen**. Der Zeuge hat keine Parteirolle im prozessualen Sinne.[171] Der Parteibegriff des § 356 ist jedoch mit dem prozessrechtlichen nicht identisch. Die Befürworter der Parteienstellung des Zeugen[172] verweisen darauf, dass der Zeuge unabhängig von seinem Interesse am Ausgang des Verfahrens den Prozess in tatsächlicher und rechtlicher Hinsicht beeinflussen kann. Neben den Pflichten, vor Gericht zu erscheinen, wahrheitsgemäß auszusagen und seine Aussage zu beeiden, verfügt er über wesentliche prozessuale Einflussmöglichkeiten. Er entscheidet über die Inanspruchnahme seines Zeugnis-, Auskunfts- und Eidesverweigerungsrechts (z. B. angesichts der Gefahr einer Schadensersatzklage) und kann den Verfahrensausgang für den Beschuldigten wesentlich beeinflussen. Die Gegenmeinung[173] will für den „gewöhnlichen" Zeugen, der wahrheitsgemäß aussagt und nicht Verletzter ist, die Parteirolle verneinen, weil dieser Zeuge allenfalls ein tatsächliches Interesse am Ausgang des Rechtsstreits habe und nur mit seinen staatsbürgerlichen Pflichten am Verfahren beteiligt sei.[174]

Auch der **Anzeigeerstatter** im Strafverfahren ist Partei, soweit er die Anzeige als Zeuge unterbreitet, auch wenn er keinen Strafantrag stellt. Dagegen bewirkt die Strafanzeige ohne jede tatsächliche oder rechtliche Betroffenheit für den Anzeigenden noch keine Parteistellung.[175]

Privatkläger (§ 374ff StPO) und **Nebenkläger** (§ 395ff StPO) sind ohne weiteres Partei. Das gleiche gilt für Privatkläger im Verhältnis untereinander, weil sie in Ausübung ihrer Rechte voneinander unabhängig sind (§ 375 Abs. 2 StPO). Da widerstreitende Interessen für die Parteistellung nicht vorausgesetzt sind (vgl. Rdn. 42), kommt es nicht darauf an, ob mehrere Privatkläger oder Nebenkläger in derselben Rechtssache unterschiedliche oder übereinstimmende Ziele verfolgen.[176]

Streitig wird beurteilt, ob die **Staatsanwaltschaft** Partei i. S. v. § 356 ist. Die Frage ist von praktischer Bedeutung, wenn der Verteidiger zum Nachteil seines Mandanten der Staatsanwaltschaft in die Hände arbeitet. Überwiegend wird die Parteistellung der Staatsanwaltschaft und der **Gerichte**[177] mit der Begründung abgelehnt, sie seien nicht mit entgegengesetzten eigenen Interessen an der Rechtssache beteiligt.[178] Dieser Auffassung begegnen Bedenken. Die Verpflichtung der Staatsanwaltschaft zur Objektivität und zur Erforschung von belastenden und entlastenden Umständen (§ 160 Abs. 2 StPO) ist ein allgemeines rechtsstaatliches Gebot des fairen Verfahrens und gilt als solches auch für andere Behörden, die ohne weiteres „Partei" sind. Die Staatsanwaltschaft ist beauftragt aufzuklären, ob ein staatlicher Strafanspruch besteht und diesen gegebenenfalls bei Gericht durchzusetzen – regelmäßig auch gegen den Willen des Beschuldigten.[179] Die Verpflichtung zur Objektivität hindert die Staatsanwaltschaft

---

170 RGSt **49** 342, 344; *Sch/Schröder/Cramer/Heine*[27] Rdn. 13; *v. Briel* StraFo **1997** 71, 73; *Roesen* JW **1938** 649; *Rudolphi/Rogall* SK[7] Rdn. 23; *Tröndle/Fischer*[53] Rdn. 6; vgl. auch ausführlich *Prinz* Parteiverrat, S. 55 ff m. zahlr. Fallvarianten.

171 Vgl. BVerfGE **38** 105, 114.

172 OLG Zweibrücken NStZ **1995** 35 (zum Alternativtäter-Zeugen) m. Anm. *Nibbeling* JR **1995** 479; vgl. dazu die Anm. *Dahs* NStZ **1995** 16 ff; *Prinz* Parteiverrat, S. 136, 138; *Kretschmer* Parteiverrat, S. 216 f; *Kuhlen* NK[2] Rdn. 26; zur Parteieigenschaft eines meineidigen Zeugen im Verhältnis zu dem von der Aussage Beschuldigten vgl. BGHSt **5** 284; **5** 301.

173 *Rudolphi/Rogall* SK[7] Rdn. 23; *Hübner* LK 10. Aufl. Rdn. 67; auch *Dahs* NStZ **1995** 16 ff.

174 So *Dahs* NStZ **1991** 561, 562.

175 Vgl. *Kretschmer* Parteiverrat, S. 224 f.

176 Zur Parteistellung des Privat- und Nebenklägers *Hübner* LK 10. Aufl. Rdn. 57.

177 S. dazu *Kuhlen* NK[2] Rdn. 27; *Dahs* NStZ **1991** 561 f.

178 *Weimar* Parteiverrat, S. 29; *Braun* AnwBl. **1998** 567, 575; *Rudolphi/Rogall* SK[7] Rdn. 23; *Kuhlen* NK[2] Rdn. 27; *Dahs* NStZ **1991** 561 f.

179 Ohne dass es auf den Interessenwiderstreit für den Parteibegriff ankommt, str.; s. dazu Rdn. 42.

nicht, kontroverse Sach- und Rechtspositionen zu allen anderen Verfahrensbeteiligten zu beziehen und wesentlich in deren Rechte einzugreifen. Die Strafprozessordnung selbst bezeichnet den Angeklagten und die Staatsanwaltschaft als Verfahrensgegner, vgl. §§ 308 Abs. 1, 311a, 335 Abs. 2, 347 Abs. 1 StPO. Eine fehlerhafte Sachbehandlung der Staatsanwaltschaft kann Schadensersatzansprüche nach § 839 BGB i.V.m. Art. 34 GG begründen (BGH StV **2004** 330).

Der Parteibegriff i.S.v. § 356 ist **nicht prozessual**, sondern **materiell** zu begreifen. Dazu genügt es, dass eine natürliche oder juristische Person, auch ein durch eine Behörde vertretenes Gemeinwesen (BayObLGSt **1972** 66) ein rechtliches Interesse verfolgt.[180] Daher ist die Staatsanwaltschaft auch in ihrer Funktion als Strafverfolgungsbehörde Partei.[181] Aus der Parteistellung der Staatsanwaltschaft folgt, dass der Verteidiger z.B. anlässlich von **Verständigungen im Strafverfahren**[182] – wie bei einem zivilrechtlichen Vergleichsabschluss – Parteiverrat begehen kann. Zumeist wird es jedoch an der Voraussetzung des Dienens für die Staatsanwaltschaft fehlen. Der Verteidiger „dient" der Staatanwaltschaft nicht schon durch nachlässige oder ungeschickte Absprachen, die für den eigenen Mandanten günstiger hätten ausfallen können. Nur wenn der Anwalt die Belange der Staatsanwaltschaft vertritt, dient der Verteidiger der Strafverfolgungsbehörde.[183] Der Rechtsanwalt, der seinem Mandanten im Interesse der Staatsanwaltschaft entgegen der Rechtsprechung erklärt, nach einer Verfahrensabsprache sei das Urteil mit einem Rechtsmittel nicht mehr angreifbar, dient dem Verfahrensgegner. Gleiches gilt, wenn der Verteidiger erkannt hat, dass für seinen Mandanten Strafverfolgungsverjährung eingetreten ist und dieses Verfahrenshindernis nicht reklamiert, um die Versäumnisse eines Staatsanwalts nicht aufzudecken.

44 Die in umfangreichen Strafsachen mit mehreren Beschuldigten gelegentlich geführte **Sockelverteidigung** verstößt nicht gegen § 146 StPO[184] und muss auch unter dem Gesichtspunkt des Parteiverrats nicht bedenklich sein. Eine Sockelverteidigung liegt vor, wenn in einem Strafverfahren mit mehreren Beschuldigten Grundpositionen zu den Vorwürfen oder zum Verfahren unter Beachtung des individuellen Verteidigungsauftrags arbeitsteilig oder gemeinsam erarbeitet werden.[185] Die Basisverteidigung kann sich auf die Sachverhaltsermittlung, die Erstattung oder Analyse von Gutachten, die Ausarbeitung von Schriftsätzen, die Lösung von Rechtsfragen etc. beziehen. Auch Absprachen über prozesstaktisches Verhalten, die Stellung von Beweisanträgen, der Austausch von Einlassungen der Beschuldigten etc. sind rechtlich grundsätzlich nicht bedenklich.[186] In dem Bemühen der Beteiligten, in verfahrensrechtlicher und materiellrechtlicher Hinsicht eine Interessenübereinstimmung zu erreichen, können Gefahren des Parteiverrats entstehen. Das Aufgeben einer für den eigenen Mandanten günstigen Rechtsposition zugunsten des „Sockels" kann einen **Dienst zugunsten einer anderen Partei** darstellen. Die Interessenkollision scheidet aus, wenn die Erarbeitung einer gemeinsamen Verteidigungsstrategie im Interesse des *eige-*

---

180 Soweit BGHSt **15** 155, 159 („Die Staatsanwaltschaft ist im Verfahren nicht Partei") und OLG Stuttgart NJW **1974** 1394, 1395 die Parteienqualität der Staatsanwaltschaft verneinen, ist damit die prozessuale Stellung („im Verfahren") gemeint.

181 *Kretschmer* Parteiverrat, S. 243f; *Prinz* Parteiverrat, S. 90 ff, 142 ff; s. a. *Hübner* LK 10. Aufl. Rdn. 57.

182 Vgl. dazu allg. *Dahs* Handbuch[7], S. 122 ff, 352 ff; *Meyer-Goßner* StPO[48] Einl. Rdn. 119 ff.

183 *Prinz* Parteiverrat, S. 145; *Kretschmer* Parteiverrat, S. 247 f.

184 OLG Düsseldorf JR **2003** 346 m. Anm. *Beulke*.

185 Vgl. *Dahs* Handbuch[7], S. 48.

186 Vgl. zur Basis- oder Sockelverteidigung vgl. allg. *Pellhofer* Sockelverteidigung und Strafvereitelung **1999**; *Richter* II NJW **1993** 2152; *Eckhart Müller* StV **2001** 649; s.a. OLG Düsseldorf JR **2003** 346; OLG Frankfurt NStZ **1981** 144.

nen Mandanten liegt, selbst wenn zur Erreichung dieses Ziels auf die Durchsetzung einzelner, eigener Rechtspositionen verzichtet werden muss.[187] Die Grenze zum Parteiverrat wird überschritten, wenn der Rechtsbeistand des Beschuldigten die Interessen seines Mandanten denen der anderen Partei unterordnet und damit gezielt dem Prozessgegner dient. Unbedenklich sind gegenseitige Rücksichtnahmen im „Sockel", solange die Kompromisse im autonomen Interesse der eigenen Partei erreicht werden.[188]

c) Bei der **Unfallregulierung** sind der **Kraftfahrzeughalter** und der **Kraftfahrzeugführer** Parteien, aber nicht notwendigerweise mit widerstreitenden Interessen. Der Rechtsbeistand ist nicht gehindert, den Kfz-Halter und den Fahrer gemeinsam zur Abwehr des gegen diese gesamtschuldnerisch erhobenen Schadensersatzanspruchs (gem. §§ 823, 831, 840 Abs. 1 BGB, §§ 7, 18 StVG) zu vertreten.[189] Sobald Halter und Fahrer im Innenverhältnis Ausgleichsansprüche verfolgen, entsteht eine Interessenkollision. Widerstreitende Interessen werden regelmäßig auch dann entstehen, wenn bei einem Verkehrsunfall der PKW des Fahrers bzw. Halters beschädigt und ein Beifahrer verletzt werden. Hier wird sich die Vertretung des Fahrers bzw. Halters und des Beifahrers durch denselben Rechtsbeistand verbieten, weil der geschädigte Beifahrer nicht nur Ansprüche gegen den Unfallgegner, sondern möglicherweise auch gegen seinen Fahrer hat.[190] Zur Streitfrage, ob derselbe Rechtsanwalt den Halter und Fahrzeugführer nach einem Verkehrsunfall im Straf- oder Ordnungswidrigkeitenverfahren verteidigen und gleichzeitig den geschädigten Beifahrer gegen die **Haftpflichtversicherung** vertreten kann,[191] siehe Rdn. 65. 45

d) Auch **Gesamtschuldner** und **Gesamtgläubiger** sind sowohl untereinander als auch gegenüber ihrem Gläubiger bzw. ihrem Schuldner **Parteien** i. S. v. § 356. Dies gilt auch, wenn die Gesamtschuldner oder Gesamtgläubiger gemeinsame Interessen verfolgen.[192] Ein Interessengegensatz entsteht, wenn bei der Vertretung mehrerer Gesamtgläubiger die Vollstreckungsaussichten des Erstmandanten durch die Übernahme **weiterer Gläubigermandate** wegen der begrenzten Leistungsfähigkeit des Schuldners gemindert werden. Entsprechendes gilt, wenn der Rechtsbeistand die Gesamtschuldner im Gesamtschuldnerausgleich gem. § 426 BGB vertritt. Das Merkmal „widerstreitende Interessen" ist jedoch kein Kriterium des Parteibegriffs (Rdn. 42; zum Interessengegensatz bei Mandanten, die auf die Erlangung desselben Gegenstands oder derselben Rechtsposition gerichtet sind, vgl. Rdn. 54). 46

Der Rechtsbeistand, der eine Forderung für einen **Gläubiger** gegenüber mehreren Gesamtschuldnern einklagt, aber nur gegenüber einem Gesamtschuldner beitreibt, darf den Ausgleichsanspruch (§ 426 Abs. 2 BGB) des in Anspruch genommenen Gesamtschuldners nicht gegen die anderen Gesamtschuldner geltend machen. Mit diesem Mandant würde er in derselben Rechtssache die Interessen des früheren Verfahrensgegners wahrnehmen.[193] Der Rechtsbeistand darf aber auch die nicht in

[187] Vgl. OLG Düsseldorf NJW **2002** 3267 m. Anm. *Beulke* JR **2003** 347.

[188] Zur Sockelverteidigung vgl. *Kretschmer* Parteiverrat, S. 226 f; zur gemeinsamen Verteidigungsstrategie s. a. *Tröndle/Fischer*[53] Rdn. 6.

[189] *Hübner* LK 10. Aufl. Rdn. 62.

[190] Vgl. dazu BayObLG JR **1996** 254 m. krit. Anm. *Ranft*; s. a. HansOLG Hamburg NJW-RR **2002** 63; ausf. *Höfle* zfs **202** 413; *Kretschmer* Parteiverrat, S. 271 f; *Kääb* NZV **1961** 169; allg. zu Problemen des Parteiverrats bei Schadensregulierungen s. a. *Knebel* VersR **1972** 409 ff.

[191] Vgl. dazu BayObLG NJW **1995** 606, *Müller* NStZ-RR **1998** 65; *Sch/Schröder/Cramer/Heine*[27] Rdn. 12.

[192] *Hübner* LK 10. Aufl. Rdn. 61; *Kalsbach* Standesrecht, S. 388.

[193] *Hübner* LK 10. Aufl. Rdn. 62.

Anspruch genommenen Gesamtschuldner gegen den Ausgleichsanspruch des leistenden Gesamtschuldners nicht vertreten, weil es nahe liegt, dass sich der Rechtsbeistand damit in Widerspruch zu seiner Forderungsbegründung zugunsten des Gläubigers setzt.[194] Aus entsprechenden Gründen ist der Rechtsbeistand, der einen Gesamtschuldner gegen den Gläubiger vertreten hat, gehindert, nach Inanspruchnahme seines Mandanten für diesen den Ausgleichsanspruch gegen die anderen Gesamtschuldner durchzusetzen, weil er sich im Ausgangsverfahren gegen die Begründetheit der Forderung gewandt hat. Dieser Interessenwiderstreit gilt unabhängig davon, ob die weiteren Gesamtschuldner im Ausgangsverfahren bereits mitverklagt waren.[195]

47 Ist eine **Leistung** in der Weise **teilbar** (§ 420 BGB), dass sie ohne Wertminderung und ohne Beeinträchtigung des Leistungszwecks zerlegt werden kann, so ist jeder **Anteilsgläubiger** bzw. **Anteilsschuldner** Partei. Der Anwalt eines Anteilgläubigers darf auch nach Durchsetzung des Anspruchs keinen Schuldner vertreten – und entsprechend der Anwalt eines Anteilschuldners keinen Gläubiger –, weil in allen Fällen die gesamte Forderung bzw. Schuld im Streit ist, für oder gegen die der Rechtsbeistand zuvor gestritten hat. Dagegen darf der Rechtsbeistand eines Anteilgläubigers weitere Anteilgläubiger vertreten, wenn das anteilige Forderungsrecht des ursprünglichen Mandanten dadurch nicht beeinträchtigt wird.[196]

48 Für die Parteistellung kommt es nicht darauf an, ob der Interesseninhaber durch einen Rechtsbeistand vertreten wird.[197] Die Rechtssache muss dem Rechtsbeistand auch nur von einer Partei anvertraut sein.[198] Der Rechtsbeistand ist nicht Partei.[199] Die Verfolgung ***eigener*** **Interessen** gegenüber dem früheren Auftragsgeber ist daher kein Parteiverrat (z. B. Klage auf Vergütung), vgl. Rdn. 38. Dem Rechtsbeistand ist es jedoch untersagt, neben den eigenen Interessen auch fremde zu vertreten, selbst wenn diese auf demselben Rechtsgut beruhen wie die eigenen.[200]

49 e) Die Parteieigenschaft ist **inhaltlich** und nicht **mandatsbezogen** zu beurteilen. Entscheidend ist nicht, wer den Rechtsbeistand beauftragt hat, sondern in wessen Interesse er tätig sein soll.[201] Unerheblich ist, wer die Vergütung für die Beistandsleistung bezahlt. Regelmäßig wird der **Auftraggeber** zugleich **Partei** sein. Wenn die Eltern zur Verteidigung ihres Sohnes einen Rechtsanwalt mandatieren, ist grundsätzlich nur der Sohn Partei. Entsprechendes gilt, wenn ein Unternehmen Rechtsanwälte als **Zeugenbeistände** beauftragt und bezahlt, um ihren Firmenmitarbeitern Unterstützung zu gewähren. Auch wer einen Sachwalter zur Wahrnehmung fremder Rechtsinteressen bestellt, wird damit noch ohne weiteres Partei. Denkbar ist, dass der **Verfahrensgegner** Auftraggeber wird,[202] wenn er z. B. aus Fairness oder bei wirtschaftlichen Schwierigkeiten seines Kontrahenten an dessen sachkundiger Vertretung interessiert ist. Im Einzelfall wird der Rechtsbeistand sorgfältig prüfen müssen, ob der Auftraggeber nicht doch ein *rechtliches* Interesse an der Mandatsführung hat und damit selbst Partei ist. Ein Beschuldigter im Strafverfahren ist im Verhältnis zu den **Mitbeschuldigten** Partei, ohne dass es darauf ankommt, wer den Verteidiger des Mittäters beauftragt hat oder ihn bezahlt (vgl. dazu Rdn. 42).

---

194 *Hübner* LK 10. Aufl. Rdn. 62.
195 *Hübner* LK 10. Aufl. Rdn. 62.
196 *Hübner* LK 10. Aufl. Rdn. 65.
197 *Hübner* LK 10. Aufl. Rdn. 66.
198 RGSt **71** 114 f; BGHSt **20** 41; OLG Köln NStZ **1982** 382; OLG Zweibrücken wistra **1994** 311, 313; *Kuhlen* NK[2] Rdn. 15; *Rudolphi/Rogall* SK[7] Rdn. 16.
199 BGHSt **45** 151; *Otto* Grundkurs[7] § 98 Rdn. 34.
200 BGHSt **12** 96, 98; **45** 151 f; *Rudolphi/Rogall* SK[7] Rdn. 24; *Sch/Schröder/Cramer/Heine*[27] Rdn. 13.
201 RGSt **71** 114, 115, 117; RG HRR 1936, 580; *Hübner* LK 10. Aufl. Rdn. 66.
202 BGHSt **5** 284 f, RGSt **71** 231, 235; OLG Düsseldorf NJW **1959** 1050; *Hübner* LK 10. Aufl. Rdn. 66.

Doppelparteistellungen sind möglich, wenn jemand aufgrund einer Bestellung berechtigt ist, ein fremdes Recht zu verfolgen. Dies gilt für die Parteien kraft Amtes wie Testamentsvollstrecker in Nachlassprozessen, Zwangsverwalter, Nachlassverwalter,[203] Insolvenzverwalter in Rechtsstreiten über die Insolvenzmasse[204] und in einigen Fällen der Prozessstandschaft. In diesen Fällen kann dieselbe Person in verschiedenen Rechtsbeziehungen jeweils Partei sein. 50

3. Rat und Beistand

Der Rechtsbeistand muss beiden Parteien durch Rat oder Beistand dienen. **Rat** ist die Empfehlung zu einem bestimmten Verhalten,[205] während **Beistand** die aktive Unterstützung bedeuten soll.[206] Der BGH (BGHSt **7** 17,19) bezieht den Rat auf das Innenverhältnis zwischen Anwalt und Mandant und den Beistand auf die Wahrnehmung der Parteiinteressen im Außenverhältnis. Die Abgrenzung der beiden Begriffe ist für die Tatbestandsmäßigkeit nach § 356 unerheblich. Raterteilen und Beistandleisten sind Formen des **Dienens**, also der gezielten Förderung rechtlicher Interessen[207] (siehe Rdn. 29ff). Tatbestandsvoraussetzung ist, dass der Beauftragte mehreren Parteien mit **gegensätzlichen *Interessen***, jedoch nicht unbedingt mit **gegensätzlichen *Diensten*** (BGHSt **34** 190) Beistand leistet. Die Gegensätzlichkeit bezieht sich nicht auf die Art der Dienste sondern auf die Parteiinteressen.[208] So kann z. B. eine inhaltsgleiche Beratung zum Eintritt einer Anspruchsverjährung der einen Partei nützen und die andere Partei benachteiligen. 51

Der Anwalt **dient** noch nicht durch Rat oder Beistand, wenn er dem Auftraggeber die Bereitschaft erklärt, ein **Mandat** zu übernehmen.[209] Auch die **Mandatsannahme** genügt noch nicht.[210] Die **Entgegennahme von Informationen** zur Entscheidung über die Annahme eines Mandats liegt noch im Vorfeld der Beistandsleistung.[211] Die Mitteilung an das Gericht, die Verteidigung eines Beschuldigten übernommen zu haben, soll noch außerhalb der tatbestandlichen Dienstleistung liegen.[212] Die Vorlage einer **Verteidigervollmacht** zu den Verfahrensakten beinhaltete dagegen schon ein Dienen, weil der Verteidiger dadurch gem. § 145a Abs. 1 StPO eine Zustellungsvollmacht erlangt und dadurch Rechtswirkungen für seinen Mandanten auslöst. 52

Informationsbeschaffungen und Sachverhaltsaufklärungen im Rahmen eines Mandats erfüllen das Merkmal „dienen". Dabei kommt es nicht darauf an, ob der Rechtsbeistand die Informationen von seinem Mandanten, von Dritten, durch Akteneinsicht, Registerauszüge etc. erhält.[213] Wenn der Anwalt den begrenzten Auftrag übernommen hat, lediglich **Akten anzufordern**, diese zu kopieren und dem Auftraggeber auszuhändigen, wird darin noch kein „Dienen" durch Rat oder Beistand zu sehen sein. Dagegen liegt in der Auswertung der Akten ein Beistandleisten (vgl. Rdn. 29). 53

---

203 BGHZ **51** 125, 128 f; EGH **16** 213.

204 BGHZ **51** 125, 128 f; BGHSt **7** 17, 18f; s.a. *Hübner* LK 10. Aufl. Rdn. 66.

205 Vgl. BGH **14** 57; *Hübner* LK 10. Aufl. Rdn. 36; *Pfeiffer* Festgabe Koch, S. 133.

206 *Kretschmer* Parteiverrat, S. 181; *Pfeiffer* Festgabe Koch, S. 133; *Hübner* LK 10. Aufl. Rdn. 36.

207 *Kretschmer* Parteiverrat, S. 181.

208 *Hübner* LK 10. Aufl. Rdn. 73.

209 OLG Köln StraFo **2002** 205f; *Sch/Schröder/Cramer/Heine*[27] Rdn. 10; *Kuhlen* NK[2] Rdn. 18.

210 *Kretschmer* Parteiverrat, S. 180.

211 RGSt **71** 231, 234; *Hübner* LK 10. Aufl. Rdn. 71.

212 *Kretschmer* Parteiverrat, S. 180; zu weitgehend BGHSt **7** 15, 20, wonach schon die Mitteilung an das Insolvenzgericht, die Gemeinschuldnerin zu vertreten, Dienen im Sinne von § 356 sei.

213 Zur Informationsaufnahme in einem Rechtsgespräch vgl. BGH NJW **1954** 482; s.a. EGH **2** 15, 17; *Kretschmer* Parteiverrat, S. 180; unklar *Münch* Praevarication, S. 65, 187, aber auch S. 66.

54 Der Rechtsanwalt ist gem. § 3 Abs. 1 BRAO „der berufene, unabhängige Berater und Vertreter in allen Rechtsangelegenheiten" und dient durch **Raterteilung** und **Beistandsleistung**, z. B. durch **Auskünfte** über die Aussichten eines Rechtsstreits (RGSt **62** 289, 291 f), durch Wahrnehmung von **Gerichtsterminen** (RGSt **58** 247; BGHSt **9** 341 ff), durch Unterzeichnung von **Schriftsätzen**, auch wenn diese von einer anderen Person verfasst wurden (BGHSt **5** 301, 305), durch Erwirken und Vollstrecken von **Arrestbefehlen** (RGSt **62** 289, 294), durch Vertretungen in **Privat- und Nebenklageverfahren**, durch **Verteidigungen in Strafsachen** (BGHSt **3** 400, 401; **7** 261),[214] durch Hinweise auf **Strafantragsfristen** und Entwürfe von **Sühneanträgen** (BGH 5 StR 473/53 v. 26. 1. 1954, S. 5), durch Einsichtnahmen in Handelsregister oder Einziehen von **Erkundigungen** (EGH **15** 126, 127). Der Rechtsbeistand kann auch durch **Unterlassen** dienen[215] (s. a. oben Rdn. 33).

4. Pflichtwidrigkeit/Einverständnis

55 **Pflichtwidrig** handelt der Rechtsbeistand, wenn er mehreren Parteien in derselben Rechtssache mit **gegensätzlichen Interessen** dient.[216] Das Merkmal der Pflichtwidrigkeit ist **normatives Tatbestandsmerkmal**.[217] Die Pflichtenstellung des Anwalts nach berufsrechtlichen Vorschriften und die tatbestandlichen Voraussetzungen des Parteiverrats sind nicht identisch. Die **berufsrechtlichen Vorschriften** gehen teilweise weiter, indem sie z. B. auch fahrlässige Verfehlungen sanktionieren (§ 113 Abs. 1 BRAO). Soweit § 3 Abs. 2 BORA[218] das Vertretungsverbot auch auf **Sozien** erstreckt,[219] ist der Verstoß insoweit nicht nach § 356 sanktioniert. Dagegen können gesetzliche Regelungen des Berufsrechts den Maßstab der Pflichtwidrigkeit in § 356 beschränken.[220] § 146 StPO ist keine spezielle Norm zum Parteiverrat. Die Möglichkeit einer **sukzessiven Verteidigung** mehrerer derselben Tat Beschuldigter nach § 146 StPO schränkt den Anwendungsbereich von § 356 nicht ein. § 146 StPO verbietet die zeitgleiche Verteidigung mehrerer Beschuldigter, ohne dass es auf einen Interessengegensatz der Mandanten ankommt. Dagegen erlaubt die Vorschrift die *sukzessive* Verteidigung mehrerer derselben Tat Beschuldigter, ohne das generelle Verbot des Parteiverrats zu relativieren.[221]

56 Die **Pflichtwidrigkeit** des Dienens wird nicht dadurch ausgeschlossen, dass die Partei mit der Vertretung der Gegenpartei **einverstanden** ist.[222] Dies gilt auch, wenn das

---

214 Zur Interessenvertretung in Strafsachen vgl. ausf. Rdn. 42 f.

215 S. dazu ausf. *Prinz* Parteiverrat, S. 35 ff; *Kretschmer* Parteiverrat, S. 182 f.

216 Vgl. z.B. BGHSt **5** 301, 306; **15** 332, 334; *Prinz* Parteiverrat, S. 98 ff; *Sch/Schröder/Cramer/Heine*[27] Rdn. 17; *Kuhlen* NK[2] Rdn. 39; *Lackner/Kühl*[25] Rdn. 7; *Hübner* LK 10. Aufl. Rdn. 79; *Rudolphi/Rogall* SK[7] Rdn. 28.

217 Heute h. M.: BGHSt **7** 261, 263; BGH NStZ **1992** 465, 466; OLG Karlsruhe NStZ-RR **1997** 236; *Mennicke* ZStW **112** (2000), 834, 858; *Kuhlen* NK[2] Rdn. 39; *Rudolphi/Rogall* SK[7] Rdn. 28; *Sch/Schröder/Cramer/Heine*[27] Rdn. 17; *K. Geppert* NStZ **1990** 542, 544; *Lackner/Kühl*[25] Rdn. 7; *Prinz* Parteiverrat, S. 149; *Kretschmer* Parteiverrat, S. 186; *Baumann/Pfohl* JuS **1983** 24, 27; **aA** *O. Geppert* Parteiverrat, S. 126; *Holz* Parteiverrat, S. 82; *Kalsbach* Standesrecht, S. 390; *Welzel* Das deutsche Strafrecht[11], S. 525; *ders.* JZ **1954** 277; *ders.* JZ **1955** 456, die den Interessengegensatz als Tatbestandsmerkmal und die Pflichtwidrigkeit als allg. Verbrechensmerkmal verstehen.

218 Die Vorschrift ist durch BVerfG NJW **2003** 2520 für nichtig erklärt.

219 Vgl. dazu *Eylmann* StraFo **1998** 145 ff; *Kleine-Cosack* StraFo **1998** 149 ff.

220 Vgl. *Lüderssen* StV **1998** 357: „Was Strafprozessordnung und Berufsrecht erlauben, kann nicht nach § 356 StGB verboten sein".

221 Vgl. *Kuhlen* NK[2] Rdn. 39 ff.

222 RGSt **71** 253 f; **72** 133, 139; BGHSt **4** 80, 82; **5** 287; **17** 306; **18** 192, 198; OLG Karlsruhe NJW **2002** 3562; *Sch/Schröder/Cramer/Heine*[27] Rdn. 20; *Dahs* Handbuch[7], S. 57; *Baumann/Pfohl* JuS **1983** 24, 27; *Tröndle/Fischer*[53] Rdn. 7, 13; *Lackner/Kühl*[25] Rdn. 9; *Hartl*, S. 41 ff; *Pfeiffer* Festgabe Koch, S. 132; *Rudolphi/Rogall* SK[7] Rdn. 32.

vorausgegangene Mandat beendet ist.[223] Das Schutzgut des § 356 (Rdn. 9) steht nicht zur Disposition der beteiligten Parteien, so dass das **Einverständnis** in die Pflichtwidrigkeit die Tatbestandsvoraussetzung nicht ausschließen kann.[224] Vom Einverständnis mit der Wahrnehmung widerstreitender Interessen zu unterscheiden ist die Beseitigung widerstreitender Interessen durch die beteiligten Parteien. Die Interessenautonomie gestattet den Mandanten, den Mandatsgegenstand so zu bestimmen und einzugrenzen, dass ein **Interessengegensatz ausgeschlossen** ist. So handelt der Rechtsbeistand nicht tatbestandsmäßig, wenn er auf Verlangen beider Parteien beiden einen Rat zur Vermeidung eines Rechtsstreits erteilt.[225] Entsprechendes gilt für die Tätigkeit als Mediator (Rdn. 30), in der der Anwalt keine entgegengesetzten Interessen vertritt. In der übereinstimmenden Interessenwahrnehmung dient der Rechtsbeistand nicht pflichtwidrig. Dies gilt auch, wenn der Rechtsanwalt sich im Auftrag einer Partei um den Abschluss eines Vergleichs bemüht.[226]

5. Interesse

Der Parteiverrat setzt die Vertretung gegensätzlicher Interessen voraus. **Interesse** i.S. 57
des § 356 ist das Begehren, eine Rechtssache nach rechtlichen Grundsätzen zu beurteilen und ggf. die daraus folgenden Ansprüche durchzusetzen oder abzuwehren. Das Interesse kann **materieller** oder **immaterieller** Art sein.[227] Unerheblich ist, ob das Interesse **rechtlich geschützt** ist.[228] Die Klage eines Diebes gegen den Hehler auf Herausgabe es Diebesguts ist Interessenwahrnehmung i.S.d. Parteiverrats. Das Interesse konkretisiert sich im Mandat (zur Konkretisierung des Parteiinteresses vgl. Rdn. 60). In der Tatbestandsbeschreibung ist der Interessengegensatz nicht ausdrücklich genannt. Über die tatbestandliche Zuordnung des Interessengegensatzes bestehen unterschiedliche Auffassungen. Einer älteren Meinung[229] zufolge ist der Interessengegensatz den Tatbestandsmerkmalen „Rechtssache" und „Partei" immanent. Dieser Auffassung steht entgegen, dass eine Rechtssache dem Beistand auch von mehreren Parteien mit *übereinstimmenden* Interessen anvertraut werden kann (s. dazu Rdn. 62; zur objektiven und subjektiven Interessenbestimmung s. Rdn. 59). Heute besteht Einigkeit, dass der **Interessengegensatz** dem Tatbestandsmerkmal **„pflichtwidrig"** zuzuordnen ist.[230]

Umstritten ist, ob das Merkmal „pflichtwidrig" als **normatives Tatbestandsmerkmal** 58
zu verstehen oder als **Blankettbegriff** offen geblieben ist. Nach der Rechtsprechung des Reichsgerichts[231] und den früheren Entscheidungen des Bundesgerichtshofs[232] wurde § 356 als **Blankettnorm** verstanden, in der das Merkmal „pflichtwidrig" durch die berufsrechtlichen Verbote, widerstreitende Interessen zu vertreten, auszufüllen sei.

---

223 RGSt **66** 104.
224 Auch die Einwilligung als Rechtfertigungsgrund scheidet aus, s. dazu Rdn. 93.
225 RGSt **14** 364, 379; **71** 253; *Roesen* JW **1938** 650; *Rudolphi/Rogall* SK[7] Rdn. 31.
226 BGHSt **15** 332, 336.
227 OLG München NJW **1950** 239; *Hübner* LK 10. Aufl. Rdn. 73.
228 *O. Geppert*, Parteiverrat, S. 79; *Hübner* LK 10. Aufl. Rdn. 74: „Rechtssache (i.S.v. § 356) ist auch eine Unrechtssache". **AA** wohl BGH 2 StR 198/51 v. 16.12.1951, zit. bei *Kalsbach* Standesrecht, S. 375: „keine vom Recht geschützten Beziehungen".
229 *Welzel* JZ **1954** 276; s.a. *O. Geppert*, Parteiverrat, S. 87.
230 BGHSt **5** 301, 306; **5** 284, 287f; *Hübner* LK 10. Aufl. Rdn. 73; *Kuhlen* NK[2] Rdn. 39; *Lackner/Kühl*[25] Rdn. 7; *Sch/Schröder/Cramer/Heine*[27] Rdn. 17; *Rudolphi/Rogall* SK[7] Rdn. 28; *Mennicke* ZStW **112** (2000) 834, 857.
231 RGSt **23** 60, 67; **62** 155, 157; **62** 289, 295 f; **72** 133, 139.
232 BGHSt **3** 400, 402; **5** 284, 287 f; **5** 301, 306, 311.

Dieser Auffassung ist zu begegnen,[233] weil die Normen des Berufsrechts nur für Rechtsanwälte und einige andere Berufsgruppen gelten und nicht für die übrigen Rechtsbeistände. Andernfalls wären die Pflichtenmahnungen für Anwälte und die meisten anderen Rechtsbeistände unterschiedlich. Ferner ist nicht jedes nach berufsrechtlichen Maßstäben pflichtwidrige Verhalten tatbestandsmäßig i. S. v. § 356. Schließlich kann das Berufsrecht § 356 schon deshalb nicht einschränken, weil die Berufsnormen in wesentlichen Teilen **Satzungsrecht** sind. Nach der zur Neufassung anstehenden Regelung des § 3 Abs. 2 BORA gilt das Verbot, widerstreitende Interessen zu vertreten, nicht nur für den einzelnen Rechtsanwalt, sondern „für alle mit ihm in derselben Berufsausübungs- oder Bürogemeinschaft ... verbundenen Rechtsanwälte".[234] Soweit das Berufsrecht **Sozietätserstreckungen** vorsieht, gelten diese nicht für die Verbotsnorm des § 356.[235] Ferner ist die gleichzeitige Verteidigung mehrerer wegen derselben prozessualen Tat (§ 264 StPO) Beschuldigter durch denselben Verteidiger nach § 146 StPO untersagt, auch wenn eine Interessenkollision nicht besteht. Die sukzessive Verteidigung mehrerer Beschuldigter durch einen gemeinschaftlichen Verteidiger verbietet § 146 StPO nicht. Gleichwohl kann ein strafbarer Parteiverrat vorliegen, wenn der Rechtsanwalt sie nacheinander mit widerstreitenden Interessen verteidigt.[236] Regelmäßig reichen die berufsrechtlichen Verbote weiter als die Sanktionsnorm des § 356.[237] Das Merkmal „pflichtwidrig" hat deshalb keinen Blankettcharakter, sondern ist **normatives Tatbestandsmerkmal**, das den Interessengegensatz beinhaltet.[238]

59 **a)** Erst nach Klärung der Parteiinteressen kann beurteilt werden, ob diese im Widerstreit stehen. Umstritten ist, ob das **Parteiinteresse subjektiv**, d. h. nach der individuellen Zielsetzung des Mandanten, oder **objektiv**, also vom Parteiwillen unabhängig beurteilt werden muss.[239] Schon der Begriff „Interesse" spricht für eine subjektive Sicht. Den Vertretern der objektiven Beurteilung[240] ist entgegenzuhalten, dass besonders zu Beginn von beratungsintensiven Mandaten ein Parteiinteresse noch nicht objektivierbar ist. In vielen Fällen **ändert** sich das **Parteiinteresse** im Laufe des Mandats je nach Beurteilung der Erfolgsaussichten und mit der Dauer und den Kosten der Mandatsführung. Eine Partei, die ihren Rechtsbeistand z. B. mit der unbedingten Durchsetzung einer Forderung beauftragt hat und sich erst während des Rechtsstreits vergleichsbereit zeigt, bestimmt und wechselt ihre **Parteiinteressen autonom**. Zu Man-

---

233 *O. Geppert* MDR **1959** 161; ausf. *Hübner* LK 10. Aufl. Rdn. 77 f, auch zum Wandel der Rechtsprechung; *Mennicke* ZStW **112** (2000) 834, 858; **aA** *Baier* wistra **2001** 401, 405. Der Streit ist unerheblich für *Sch/Schröder/Cramer/Heine*[27] Rdn. 17.

234 Die bisherige Fassung von § 3 Abs. 2 BORA ist durch Entscheidung des BVerfG (BVerfGE **2003** 2520) für nichtig erklärt worden.

235 OLG Stuttgart NJW **1986** 948; *Kleine-Cosack*[4] BRAO § 43 a Rdn. 107; *ders.* StraFO **1998** 149 f; *Henssler* NJW **2001** 1524; s. a. BGH NJW **1994** 2302.

236 Vgl. dazu OLG Stuttgart NStZ **1990** 542 m. Anm. *K. Geppert*; OLG Zweibrücken NStZ **1995**, 36; *Dahs* Handbuch[7], S. 56.

237 Vgl. a. *Kretschmer* Parteiverrat, S. 86 f; *Sch/Schröder/Cramer/Heine*[27] Rdn. 17, hält die Frage für unerheblich, ob man den Interessengegensatz der Parteien als tatbestandsimmanent aus den Begriffen „dieselbe Rechtssache" und „beide Parteien" folgert, oder ob man § 356 als eine durch § 45 BRAO ergänzte Blankettnorm versteht. Dagegen *Hübner* LK 10. Aufl. Rdn. 78.

238 BGHSt **15** 332, 338; BGH GA **1961** 203; 205; *Rudolphi/Rogall* SK[7] Rdn. 28; *Mennicke* ZStW **112** (2000) 834, 858; *Kuhlen* NK[2] Rdn. 59; zu den Unklarheiten in der früheren Rspr. des BGH vgl. *Jescheck* GA **1954** 322, 323.

239 *Rudolphi/Rogall* SK[7] Rdn. 30 meint, der Streit sei ohne entscheidende Bedeutung.

240 OLG Zweibrücken NStZ **1995** 35 m. krit. Anm. *Dahs* NStZ **1995** 16 f; *Nibbeling* JR **1995** 479, 481; *K. Geppert* NStZ **1990** 542: Interessenbeurteilung „aus der Perspektive eines neutralen Beobachters"; *Lackner/Kühl*[25] Rdn. 7; *O. Geppert*, Parteiverrat, S. 94; *Gutmann* AnwBl. **1963** 90; differenzierend *Sch/Schröder/Cramer/Heine*[27] Rdn. 18; *Maurach/Schroeder/Maiwald* BT 2 § 78 Rdn. 11.

datsbeginn hätte der Rechtsbeistand pflichtwidrig gehandelt, wenn er dem Gegner die Vergleichsbereitschaft angedeutet hätte. Nach Änderung des Verfahrensziels (Vergleich) muss er ihm die Vergleichsbereitschaft mitteilen. Nichts anderes gilt in **Strafsachen**. Der Gegenmeinung[241] ist zuzugeben, dass die Staatsanwaltschaft über die Interessenlage nicht disponieren kann, weil ihr nach dem gesetzlichen Auftrag die Strafverfolgung obliegt. Der Beschuldigte hat jedoch die Möglichkeit, seine Interessenlage zu definieren und das Mandat darauf einzurichten. Er kann sein Verteidigungsziel Freispruch aufgeben, um nach einem Geständnis vielleicht noch eine Verfahrenseinstellung gegen Auflage (§ 153a StPO) oder eine Erledigung im Strafbefehlsverfahrens (§§ 407ff StPO) zu erreichen. Die subjektive Interessenbestimmung des Mandanten kann auch dem Rat des Beistands zuwiderlaufen, der z. B. weiterhin eine Freispruchschance sieht. Die **subjektive Bestimmung** folgt der Dispositionsfreiheit über den Mandatsgegenstand. Nur der Auftraggeber entscheidet, welche Interessen er seinem Rechtsbeistand anvertrauen will und mit welchem Ziel seine rechtlichen Belange verfolgt werden sollen. Die Wahrnehmung seiner Interessen kann gegen die einer anderen Partei aber auch von vornherein auf Vermeidung eines Interessengegensatzes gerichtet sein (z. B. Mediation). Seine Interessenautonomie ist nicht zu relativieren. Unerheblich ist, ob die Wahrnehmung vernünftig, „in wohl verstandenem Interesse", realisierbar oder rechtswidrig ist. Der Mandant kann sein Interesse nicht nur **materiell**, sondern auch in **prozessrechtlicher Hinsicht** bestimmen, indem er z. B. verlangt, bestimmte Zeugen nicht zu benennen, eine naheliegendes Gutachten nicht zu beantragen oder (nur) einen bestimmten Rechtsweg zu beschreiten.

Für eine objektivierende Beurteilung der Parteiinteressen spricht auch nicht der **Normzweck** des § 356.[242] Denn wenn (nach BGHSt **15** 336) das Vertrauen der Allgemeinheit in die Berufstreue des Anwalts geschützt werden soll, muss zunächst festgestellt werden, welche individuellen Interessen der Rechtsbeistand wahrzunehmen hat. Ein Interesse, das die Partei nicht verfolgen will, kann der Rechtsbeistand nicht verraten. Das **Parteiinteresse** ist **nicht objektivierbar** und kann nur subjektiv bestimmt werden.[243]

Bei Mandatsbeginn haben viele Auftraggeber noch keine klare Vorstellung vom **60**
Ziel ihrer Interessen. Das Parteiinteresse ist nur erst angedeutet, noch nicht definiert, und soll erst nach Sachverhaltsfeststellungen und Beratungen ermittelt werden. Der **Rechtsbeistand konkretisiert** das **Parteiinteresse** gemeinsam mit dem Mandanten oder empfiehlt eine **Interessenänderung** im Laufe des Mandats. Schon diese Einflussnahme auf den eigenen Mandanten kann parteiverräterisch sein, wenn der Beistand dadurch den Interessen des Gegners dient, seine Beratung und Empfehlung also darauf **abzielen**,[244] das Interesse seines Auftraggebers dem der anderen Partei unterzuordnen. Dies kann dadurch geschehen, dass er den eigenen Mandanten unvollständig oder gezielt fehlerhaft berät, ihn über die Verfahrensaussichten täuscht oder den Verfahrensgegenstand im Interesse des Gegners begrenzt (zum Dienen s. o. Rdn. 29f). Kein Parteiverrat liegt insoweit vor, wenn der Mandant nach redlicher Beratung eine autonome Entscheidung über seine Interessen und deren Wahrnehmung treffen kann.[245]

---

241 BGHSt **5** 284; OLG Karlsruhe StV **2003** 340f; OLG Zweibrücken NStZ **1995** 35; s. a. *Schl/Schröder/Cramer/Heine*[27] Rdn. 18; *Mennicke* ZStW **112** (2000) 834, 860.

242 So aber *K. Geppert* NStZ **1990** 542, 544.

243 BGHSt **5** 301; BGH NStZ **1982** 465 f; *Münch* Praevarication, S. 115ff; *Lampe* Sockelverteidigung, S. 86; vgl. auch *Prinz* Parteiverrat, S. 114ff, 152 ff; *Kretschmer* Parteiverrat, S. 188ff; *Dahs* NStZ **1991** 561, 564 f; *Ranft* JR **1996** 256 f; *Schlosser* NJW **2002** 1376, 1378.

244 Zur Finalität des Dienens s. Rdn. 29.

245 Vgl. *Dahs* NStZ **1990** 561, 565; *Kretschmer* Parteiverrat, S. 192.

61 **b)** Von der objektiven bzw. subjektiven Interessenbestimmung (Rdn. 59, 60) ist die Frage zu unterscheiden, ob der **Interessengegensatz materiell** bestehen muss oder ob die **formelle Prozessgegnerschaft** genügt. Regelmäßig wird bei einer formellen Verfahrensgegnerschaft auch ein inhaltlicher Interessengegensatz vorhanden sein.[246] In **Scheidungsverfahren**, in denen der Antragsgegner dem Scheidungsantrag nicht entgegentritt oder ihm zustimmt (§ 630 Abs. 1 Ziff. 1 ZPO i.V.m. § 1566 Abs. 1 2. Alt. BGB) besteht trotz selbständiger Parteistellung zwischen den Ehepartnern kein Interessengegensatz.[247] Nach einer einverständlichen Scheidung können die Parteien auch in den Folgesachen gem. § 630 Abs. 1 Nr. 2 und 3 ZPO Einigungen erzielen, so dass ein Interessenwiderstreit nicht auftritt[248] (siehe auch Rdn. 63).

62 **c) aa)** Ein Rechtsbeistand, der im Rahmen seines Mandats darum bemüht ist, mit dem Gegner einen Interessenausgleich herbeizuführen, handelt nicht tatbestandsmäßig, solange er nicht widerstreitende Interessen vertritt. Dabei ist unerheblich, ob er dieses Ziel außergerichtlich oder erst im Prozess verfolgt.[249] Davon zu unterscheiden ist der **gemeinschaftliche Auftrag** mehrerer Parteien, derselbe Rechtsbeistand möge zwischen ihnen einen **Interessenausgleich** herbeiführen. In diesem Fall bestehen zunächst widerstreitende Interessen zwischen den Auftraggebern, die der Beistand jedoch *nicht gegen* einander durchsetzen soll. Der Rechtsbeistand handelt insoweit nicht interessengegensätzlich, weil das Mandat **beschränkt** definiert ist. Der BGH (BGHSt **15** 333, 335f) verneint die Pflichtwidrigkeit der Doppelvertretung in den Ausnahmefällen, in denen das **Einverständnis** der Parteien „die Gegensätzlichkeit der beiderseitigen Interessen völlig aufhebt, also die Wirkung hat, dass die für die Gegenpartei entwickelte Tätigkeit in keiner Beziehung mehr gegen die Belange gerichtet ist, deren Wahrnehmung der erste Auftraggeber dem Rechtsanwalt anvertraut hatte". Unter dieser Voraussetzung fehlt es an der Wahrnehmung widerstreitender Interessen.[250]

Als **Vermittler, Schlichter** oder **Mediator** leistet der Rechtsanwalt berufstypische Tätigkeiten und unterliegt insoweit den Regeln des Berufsrechts (§ 18 BORA). Bei der Streitschlichtung ist festzustellen, ob der Rechtsanwalt den Auftrag hat, die Interessen seines Mandanten gegen die einer anderen Partei möglichst weitgehend durchzusetzen oder ob er von allen beteiligten Parteien zu einer gütlichen Ausgleichstätigkeit mandatiert ist, in der der Rechtsbeistand keine Interessengegensätze vertritt. Nur in dieser Sondersituation ist die Wahrnehmung widerstreitender Interessen ausgeschlossen. Eine formalisierte Form der einverständlichen Streitbeilegung ist die **Mediation**. Im Mediationsverfahren bleibt die Einigung in den Händen der eigenverantwortlichen Verhandlungspartner. Der Mediator ist kein Vertreter von Parteiinteressen, sondern zur Objektivität, Neutralität und Unvoreingenommenheit verpflichtet. Er hat keine

---

246 BGHZ **1982** 331, 332; *Hübner* LK 10. Aufl. Rdn. 83.

247 Zutreffend BayObLG JZ **1981** 318, 319; *Baumann/Pfohl* JuS **1983** 24, 28; *Kuhlen* NK² Rdn. 47; s.a. *Molketin* AnwBl. **1982** 12, 14; umfassend *Zürbig* Parteiverrat, S. 50 ff; zu den Statussachen gem. §§ 606 ff ZPO vgl. ausf. *Erb* NJW **2003** 730 ff.

248 Vgl. BGB BGHR § 356 Abs. 1 – Rechtssache 1; BayObLG JZ **1981** 319; OLG Karlsruhe NJW **2002** 3563; *Baier* wistra **2001** 406.

248 *Hübner* LK 10. Aufl. Rdn. 85; *Kuhlen* NK² Rdn. 50; *Lackner/Kühl*²⁵ Rdn. 7; *Sch/Schröder/Cramer/Heine*²⁷ Rdn. 20.

250 S. ferner RGSt **15** 364, 379f; OLG Karlsruhe StV **2003** 340 ff; LG Hamburg AnwBl. **1980** 120, 121; *Baier* wistra **2001** 401, 405 f; *K. Geppert* JK **80** StGB § 356/1; *Meyer* AnwBl. **2000** 80, 82; *Kuhlen* NK² Rdn. 50; *Henssler* AnwBl. **1997** 129, 130; *Mennicke* ZStW **112** (2000) 834, 862; *Kretschmer* Parteiverrat, S. 227 f.

Konfliktentscheidungsbefugnis[251] (vgl. Rdn. 30). Der Mediator dient einer außergerichtlichen konsensualen Konfliktregelung durch Vermittlung. Die Parteien erwarten vom Mediator keine einseitige Interessenwahrung.

bb) Nachdem in den **Ehescheidungssachen** das Schuldprinzip durch das Zerrüttungsprinzip ersetzt ist, steht es den Ehegatten weitgehend frei, die Voraussetzungen einer Ehescheidung **einvernehmlich** herbeizuführen. Neben dem übereinstimmenden Scheidungsantrag kann auch eine Einigung über die notwendigen Folgesachen i. S. v. § 630 Abs. 1 Nr. 2, 3 ZPO erzielt werden (vgl. BayObLG NJW **1981** 833). Häufig werden die scheidungswilligen Ehepartner bezüglich der Scheidung und der **Folgesachen** nur von einem Rechtsanwalt beraten, der anschließend im gerichtlichen Scheidungsverfahren die anwaltliche Vertretung (nur) eines Ehepartners übernimmt, während der andere Partner vor Gericht ohne Anwalt erscheint. Wenn der Rechtsanwalt lediglich einen Ehepartner berät und vertritt und der andere an den Beratungsgesprächen lediglich teilnimmt, um anschließend zu entscheiden, ob und zu welchen Bedingungen er zustimmen will, bestehen keine Bedenken, weil der Rechtsbeistand dem anderen Ehepartner nicht dient. Streitig ist, ob eine auf Interessenausgleich gerichtete Beratung beider Parteien durch denselben Rechtsanwalt erfolgen darf.[252] Die Meinung, nach der das Allgemeininteresse an der Eheerhaltung auch für die scheidungswilligen Ehepartner einen Interessengegensatz begründe, überzeugt nicht und steht im Widerspruch zu § 630 Abs. 1 Ziff. 1 ZPO, wo die einverständliche Scheidung nach einem übereinstimmenden Scheidungsantrag ausdrücklich geregelt ist. Ob in den familienrechtlichen Folgesachen ausnahmsweise Interessengegensätze nicht bestehen, so dass derselbe Anwalt für beide Ehepartner eine unparteiische Vereinbarung erzielen kann, hängt vom Einzelfall ab. Nach BayObLG (NJW **1981** 832f) kann auch in den Folgesachen der Interessengegensatz zwischen den Ehepartnern ausgeräumt sein. In ***gerichtlichen Terminen*** ist dem allein beauftragten Rechtsanwalt das Auftreten für beide Parteien auch bei übereinstimmender Interessen untersagt.[253] Bei einverständlicher Scheidung ist der zustimmende Ehegatte gem. § 630 i. V. m. § 78 Abs. 5 ZPO vom Anwaltszwang befreit. Im Ehescheidungsverfahren ist zu bedenken, dass der ursprüngliche **Scheidungskonsens** im Laufe des Prozesses zerstört werden kann. Die Zustimmung zur Scheidung kann bis zum Schluss der mündlichen Verhandlung, auf die das Urteil ergeht, widerrufen werden (§ 630 Abs. 2 S. 1 ZPO). Auch die übereinstimmenden Vorschläge zur Regelung der elterlichen Sorge und des Umgangsrechts kann jeder Ehegatte widerrufen.[254] Die Gefahr, dass zwischen den scheidungswilligen Parteien besonders in den Folgesache widerstreitende Interessen deutlich werden, ist evident. Der Rechtsanwalt wird deshalb leicht in die Gefahr kommen, interessengegensätzliche Dienste zu leisten.[255] Nach Beendigung der **Mediation** in 63

[251] Vgl. *Eisele* Jura **2003** 656, 660; *Henssler* AnwBl. **1997** 129 f; s. a. *Haft/Schlieffen/Kracht* S. 79.

[252] Befürwortend BayObLG JZ **1981** 319; *Baumann/Pfohl* JuS **1983** 24ff; *Sch/Schröder/Cramer/Heine*[27] Rdn. 18; *Rudolphi/Rogall* SK[7] Rdn. 31; **aA** *Hübner* LK 10. Aufl. Rdn. 83 („Das Allgemeininteresse zwingt den Parteien … den Interessenwiderstreit auf."); vgl. auch *Lackner/Kühl*[25] Rdn. 7.

[253] *Aigner* Dieselbe Rechtssache, S. 101, *Baumann/Pfohl* JuS **1983** 24, 28; *Hübner* JR **1981** 430 ff.

[254] Vgl. OLG Zweibrücken FamRZ **1986** 1038 m. w. N.; OLG Hamm FamRZ **1989** 654, 656.

[255] Der drohende Interessenwiderstreit im Ehescheidungsprozess war auch Gegenstand der Diskussion in der Großen Strafrechtskommission bei der Erörterung des Parteiverrats, vgl. *Lange* in: Niederschriften über die Sitzungen der Großen Strafrechtskommission, 8. Bd., Besonderer Teil (1959), S. 118, *Bockelmann*, S. 130, *Jescheck*, S. 132.

einer Ehescheidungssache ist es dem Anwalt im anschließenden Scheidungsverfahren untersagt, einen Ehepartner als Partei zu vertreten.[256]

64 cc) In **Haftpflichtsachen** stellen sich Probleme, die in die Gefahr eines Parteiverrats führen können. Erteilt eine **Haftpflichtversicherung** einem Rechtsanwalt den Auftrag, nur ihren beklagten Versicherungsnehmer zu vertreten, so sind die Versicherung und der Versicherte jeweils Partei.[257] Dazu ist nicht erforderlich, dass die Versicherung als Prozessbeteiligte agiert, weil der Parteibegriff sachbezogen und nicht verfahrensbezogen bestimmt wird (Rdn. 61). Versicherung und Versicherungsnehmer sind an derselben Rechtssache mit teilweise gegensätzlichen Interessen sachlich beteiligt. Erweist sich, dass der Versicherungsnehmer eine Obliegenheit verletzt hat, die die Versicherung von der Leistungspflicht befreit (§§ 6, 62 Abs. 2, 158 b VVG ff, § 3 PflVersG), so sind folgende Konstellationen zu beurteilen: Verschweigt der Anwalt seine Kenntnis von der **Obliegenheitsverletzung** gegenüber der Versicherung, um dem Versicherungsnehmer den Versicherungsschutz zu retten, so dient der Rechtsbeistand widerstreitenden Interessen. Teilt dagegen der Rechtsbeistand die vom Kläger behauptete Obliegenheitsverletzung der Versicherung und dem Versicherungsnehmer lediglich mit, so „dient" der Beistand damit noch nicht widerstreitenden Interessen, obwohl das Bekanntwerden der Obliegenheitsverletzung für die Versicherung vorteilhaft und für den Versicherungsnehmer nachteilig ist. **Dienen** i. S. v. § 356 liegt nur vor, wenn der Beistand auf einen Erfolg zielt[258] (s. ausf. Rdn. 33). Bei der bloßen Weitergabe der Klägerinformationen fehlt es im übrigen an einem **Interessengegensatz**, wenn sich die Versicherung und der Versicherungsnehmer darauf geeinigt haben, alle Informationen aus dem Rechtsstreit auszutauschen.[259]

65 **dd)** Streitig beurteilt wird der Fall, in dem ein Rechtsanwalt den Halter und Führer eines KfZ gegen den Vorwurf einer fahrlässigen Körperverletzung zum Nachteil seiner Beifahrerin verteidigte und zugleich auf Bitten des KfZ-Führers die Ansprüche der Beifahrerin gegen seine Haftpflichtversicherung geltend macht. Das BayObLG NJW **1995** 606f hat **widerstreitende Interessen** zwischen dem Fahrzeugführer und der Beifahrerin bejaht,[260] unabhängig davon, dass die Ansprüche der Geschädigten nur gegen die **Haftpflichtversicherung** (§ 3 Nr. 1 PflVG) und nicht gegen den KfZ-Führer geltend gemacht wurden. Schädiger und Haftpflichtversicherer seien obligatorische Gesamtschuldner gem. § 3 Nr. 2 PflVG, die schon deshalb gemeinsame Interessen *gegen* die Gläubigerin hätten (BayObLG aaO, S. 607). Das Urteil ist auf Kritik gestoßen.[261] Die Begründung des Interessengegensatzes zwischen dem KfZ-Führer und der Beifahrerin über die Brücke der Gesamtschuldnerschaft zwischen Fahrzeugführer und Haftpflichtversicherung trägt nicht. Denn auch in einem **Gesamtschuldverhältnis** sind die Interessen der Parteien subjektiv zu bestimmen. Der Rechtsbeistand ist ohne

---

[256] OLG Karlsruhe NJW **2002** 3561, 3564; OLG Karlsruhe NJW **2001** 3197f; s. a. *Mennicke* ZStW **112** (2000) 834, 862; **aA** *Kretschmer* Parteiverrat, S. 238, der die nachträgliche einseitige Interessenvertretung gestattet, weil der Anwalt zuvor nur als unparteiischer Mittler aufgetreten sei.

[257] *Hübner* LK 10. Aufl. Rdn. 66, 88; *Kretschmer* Parteiverrat, S. 267; **aA** *Gerhardt* NJW **1970** 313: nur Versicherung; s. a. *Bauer* NJW **1970** 1030 f.

[258] BGHSt **7** 17, 19; OLG Karlsruhe NJW **2002** 3561 f; *Kuhlen* NK[2] Rdn. 18, 19; *Hübner* LK 10. Aufl. Rdn. 36.

[259] Zur Verpflichtung des Versicherungsnehmers, dem vom Versicherer bestellten Anwalt jede verlangte Auskunft zu erteilen, vgl. § 7 Abs. 2 Ziff. 5 AKB.

[260] Befürwortend *Kuhlen* NK[2] Rdn. 48; *Baier* wistra **2001** 401, 406; *Krekeler*, S. 339, 349.

[261] *Ranft* JR **1996** 254, 256; *Schäfer* AnwBl. **1996** 100 ff; *Erb* Parteiverrat, S. 255 ff; s. a. *Prinz* Parteiverrat, S. 166 ff.

weiteres berechtigt, mehrere Gesamtschuldner gemeinsam gegen die Inanspruchnahme durch den Gläubiger zu vertreten, obwohl im Innenverhältnis der Gesamtschuldner wegen der Ausgleichsansprüche gem. § 426 Abs. 1 BGB ein Interessenkonflikt entstehen kann. Die übereinstimmende Mandatsbegrenzung aller Gesamtschuldner auf Abwehr der Forderung gegenüber dem Gläubiger vermeidet einen Interessengegensatz. Im **Einzelfall** ist jedoch zu prüfen, ob sich zwischen den Interessen des KfZ-Führers im Rahmen seiner Verteidigung und dem Anliegen der Beifahrerin, möglichst weitreichende Entschädigung zu erhalten, nicht *unmittelbar* ein Interessengegensatz besteht. Ein solcher Konflikt ist evident, wenn der KfZ-Führer seine Fahrereigenschaft bestreitet oder aus Gründen der Strafzumessung vorträgt, die Verletzungen der Beifahrerin seien geringer oder wegen einer Obliegenheitspflichtverletzung teilweise von ihr selbst zu vertreten.[262] Die Einwilligung des KfZ-Führers in die Wahrnehmung der widerstreitenden Interessen ist weder tatbestandsausschließend noch rechtfertigend (vgl. Rdn. 56, 93).

Der Ausgleich eines **Interessengegensatzes** ist von dem **Einverständnis** in die Wahrnehmung gegnerischen Interessen zu unterscheiden. Durch die weitgehende Autonomie des Auftraggebers, seine Mandatsinteressen zu definieren, kann er den **Mandatsgegenstand so begrenzen**, dass widerstreitende Interessen von der Mandatserledigung nicht betroffen sind. Die Interessengegner können einen Rechtsbeistand auch als **Schlichter** oder **Mediator** beauftragen, so dass der Mandatar nicht widerstreitende, sondern **gleichgerichtete Interessen der Auftraggeber** wahrzunehmen hat. Das **Einverständnis** eines Auftraggebers, sein Rechtsbeistand dürfe auch die *widerstreitenden* Interessen des Gegners vertreten, beseitigt den Interessengegensatz nicht und kann die Pflichtwidrigkeit der Beistandsleistung nicht beseitigen.[263] Das Einverständnis ist unbeachtlich, weil § 356 kein Untreuedelikt ist. Das Vertrauen in die zuverlässige und unabhängige Interessenwahrnehmung durch Rechtsbeistände ist als überindividuelles Rechtsgut für die Parteien nicht disponibel. Zur Irrtumsproblematik siehe Rdn. 95ff, zur Einwilligung als Rechtfertigungsgrund siehe Rdn. 93. **66**

In ähnlicher Funktion wie **Mediatoren** sind Rechtsanwälte als Schlichtungspersonen bei **Gütestellen.**[264] Die Gütestellen werden zur obligatorischen **außergerichtlichen Streitschlichtung** z.B. bei vermögensrechtlichen Streitigkeiten über Ansprüche mit geringem Wert, bei Streitigkeiten über Nachbarrechte und Persönlichkeitsbeeinträchtigungen tätig. Nach Beendigung der **Mediation** bzw. **Schlichtung** ist es dem Rechtsbeistand untersagt, eine der Parteien gegen die andere in derselben (Schlichtungs-) Sache zu beraten oder zu vertreten.[265] Die vom Schlichter beabsichtigte konsensuale Konfliktbeseitigung steht im Interessengegensatz zu der im Folgemandat anstehenden Konfliktentscheidung. **67**

d) Der Parteiverrat verlangt einen **sachlichen Interessenwiderstreit**; eine **förmliche Prozessgegnerschaft** ist nicht erforderlich.[266] Der Interessengegensatz besteht unabhängig davon, ob die Parteien die **Gegensätzlichkeit** ihrer **Interessen erkannt** haben. **68**

---

262 Zu einer differenzierenden Sicht s. a. *Prinz* Parteiverrat, S. 166 ff.

263 Vgl. RGSt **71** 253 f; **72** 139; BGHSt **4** 82; **5** 287; **17** 307; **18** 198; BGH NStZ **1982** 232; BayObLG JR **1996** 254; OLG Karlsruhe NJW **2002** 3562; *Rudolphi/Rogall* SK[7] Rdn. 32; *Lackner/Kühl*[25] Rdn. 9; *Sch/Schröder/Cramer/Heine*[27] Rdn. 20.

264 Vgl. z.B. § 3 SchlG Bad.-Württ.; Art. 5 BaySchlG; § 34 c SchStG Sachsen-Anhalt.

265 Vgl. OLG Karlsruhe NJW **2001** 3197, 3198; *Haft/Schlieffen/Eisele* S. 814f; *Meyer* AnwBl. **2000** 80, 83; *Kuhlen* NK[2] Rdn. 50; *Lackner/Kühl*[25] Rdn. 7; *Rudolphi/Rogall* SK[7] Rdn. 31.

266 Vgl. BGHSt 5, 301, 304; *Hübner* LK 10. Aufl. Rdn. 55; *Tröndle/Fischer*[53] Rdn. 4; *Kuhlen* NK[2] Rdn. 24, 26.

Ohne Belang ist ferner, ob ein Interessengegner beabsichtigt, seine rechtlichen Interessen durchzusetzen, z. B. ein Streitverkündeter, der dem Rechtsstreit nicht beitritt, §§ 72 ff ZPO (s. a. Rdn. 61).

69 Die **Interessengegensätze** existieren unabhängig von der Begründung eines Mandatsverhältnisses. Für die Tatbestandsmäßigkeit muss der Interessengegensatz **zur Tatzeit** bestehen.[267] Regelmäßig wird der Gegensatz schon **vor dem Mandatsbeginn** gegeben sein. Er kann sich auch im Laufe des Auftragsverhältnisses einstellen (Rdn. 71) und dieses **überdauern**. Der Interessengegensatz hängt nicht davon ab, dass die Parteien ihn austragen wollen; sie müssen ihn nicht einmal erkennen.[268] Für den Gegensatz ist es unerheblich, ob der Rechtsbeistand mit den Interessen des Gegners im Rahmen seiner Mandatsführung befasst ist. Die bloße **Möglichkeit**, dass ein Interessengegensatz entsteht, genügt nicht.[269] Unerheblich ist folglich, ob ein Widerstreit vorauszusehen ist[270] (siehe aber zur Gefahr einer Interessen*verletzung* bei einem *bestehenden* Interessengegensatz Rdn. 70).

70 Die **Interessengegensätzlichkeit** ist bestimmten Rechtsbeziehungen inhärent. Nur wenn der Rechtsanwalt in dem Spannungsverhältnis der widerstreitenden Interessen tätig wird, gerät er in die Gefahr des Parteiverrats. Die Parteien können den Gegenstand des Mandats so weit **begrenzen**, dass der Rechtsbeistand nur außerhalb des Interessengegensatzes tätig wird. Der Gegensatz muss **in der Rechtsbeziehung angelegt** sein, im Mandatsverhältnis aber nicht ausgetragen werden. Vor diesem Hintergrund stellt sich die Frage, wie konkret die Gefahr einer Interessenkollision sein muss, um die Interessenlage als „widerstreitend" zu bezeichnen. Nach h. M. genügt die **abstrakte Gefahr** einer Interessen*verletzung*.[271] In Übereinstimmung mit den Fachgerichten hat das BVerfG NJW **2001** 3180f, entschieden, dass für die Tatbestandsmäßigkeit des § 356 Abs. 1 weder ein **Nachteil** für eine Partei noch überhaupt eine Gefährdung von Parteiinteressen eingetreten sein müsse.

71 Der **Interessenwiderstreit** kann sich auch erst **im Laufe der Mandatsführung** entwickeln. Wenn sich der Auftrag, ohne widerstreitende Interessen zu vertreten, nicht fortsetzen lässt, muss der Rechtsbeistand das Mandat beenden.[272] Der Anwalt, der z. B. eine **Forderung** *für* seinen Mandanten einklagt, *gegen* den er in anderer Sache bereits einen Titel erstritten hat, darf seinen *früheren* Mandanten (Kläger aus dem Erstverfahren und Pfandgläubiger im Zweitverfahren) bei der Durchsetzung der gepfändeten Forderung gegen den Beklagten aus dem Zweitverfahren (Pfändungsschuldner) nicht vertreten. Mit der Einziehung der gepfändeten Forderung zugunsten seines Erstmandanten könnte er die eingeklagte Forderung zugunsten des Zweitmandanten nicht mehr realisieren.[273]

---

267 OLG Karlsruhe StB **2003** 340, 342: *Rudolphi/Rogall* SK[7] Rdn. 33; *Lüderssen* Festschrift Triffterer, S. 343, 346 f; *Hübner* LK 10. Aufl. Rdn. 94.

268 RGSt **66** 320; **71** 115; *Sch/Schröder/Cramer/Heine*[27] Rdn. 13.

269 OLG Karlsruhe StV **2003** 340, 342; *Hübner* LK 10. Aufl. Rdn. 94.

270 RGSt **71** 231, 236; BGHSt **34** 190, 192f; OLG Karlsruhe StB **2003** 340, 342.

271 RGSt **49** 343 f; BayObLG JR **1991** 163; *Kuhlen* NK[2] Rdn. 42; **aA** *Ranft* JR **1991** 164ff; *Mennicke* ZStW **112** (2000) 834, 856f, mit der Begründung, das Rechtsgut von § 356 werde nicht beeinträchtigt, wenn die Interessen einer Partei weder verletzt noch konkret gefährdet werden.

272 BGHSt **18** 192 f; **34** 190, 192 m. Anm. *Dahs* JR **1987** 476; EGH **21** 186 f; s.a. BayObLG NJW **1959** 2224; *Dahs* Handbuch[7], S. 59; *Kuhlen* NK[2] Rdn. 42; *Sch/Schröder/Cramer/Heine*[27] Rdn. 21; *Tröndle/Fischer*[53] Rdn. 9; *Krekeler*, S. 339, 351.

273 Bsp. nach *Hübner* LK 10. Aufl. Rdn. 96.

72 e) Als Tatbestandsvoraussetzung muss der Rechtsbeistand gerade die **Interessen wahrnehmen**, die im Widerstreit stehen.[274] Nicht ausreichend ist, dass der Rechtsbeistand in einem Mandat mit widerstreitenden Interessen tätig ist, die gegensätzlichen Belange jedoch nicht berührt. Aus dem Charakter des Parteiverrats als **abstraktes Gefährdungsdelikt**[275] folgt, dass der Rechtsbeistand die fremden Interessen tatsächlich nicht gefördert zu haben braucht. Der Gegner muss als Folge der Beistandsleistung keinen Vorteil genießen.[276] Es genügt, dass der Rechtsbeistand den gegnerischen Interessen „dient", also die Belange der Gegenseite zielgerichtet unterstützt. Wenn die Gegenseite lediglich als *Folge* einer mangelhaften Beratung oder nachlässigen Prozessführung Vorteile genießt, fehlt es am **Dienen** und damit an der **tatsächlichen Wahrnehmung** fremder Interessen.[277]

73 Da der **Interessengegensatz** in einem Rechtsverhältnis angelegt und von einem Mandat unabhängig ist, erledigen sich die widerstreitenden Interessen nicht ohne weiteres mit der **Beendigung des Mandats**.[278] Der Abschluss des Auftrags führt nicht zum **Erlöschen** der anwaltlichen Treuepflicht. Solange der dem Rechtsbeistand anvertraute Verfahrensstoff rechtliche Bedeutung erlangen kann, ist der Rechtsbeistand gehindert, Interessen wahrzunehmen, die denen seines früheren Auftraggebers widerstreiten. Überwiegend wird die Auffassung vertreten, dass eine Angelegenheit dem Rechtsbeistand solange anvertraut ist, bis sich die **Rechtssache** selbst **erledigt** hat.[279] Wann dies der Fall ist und damit keine Hinderungen mehr für die Übernahme eines Folgemandats bestehen, ist nicht allein nach den Rechtsbeziehungen zu beurteilen, die im abgeschlossenen Rechtsstreit relevant waren. Umstände, die in einer früheren Rechtsbeziehung nicht kontrovers behandelt wurden oder sachverhaltlich erledigt sind, können in einer neuen Rechtsangelegenheit Bedeutung erlangen.

74 **f) Beispiele für widerstreitende Interessen:** Die Vertretung eines Geschädigten gegen den Versicherer zur Durchsetzung von **Versicherungsleistungen** hindert den Rechtsbeistand an der anschließenden Vertretung des Haftpflichtigen gegen den Regressanspruch der Versicherungsgesellschaft, nachdem diese die Versicherungsleistungen erbracht hat (EGH **18** 148, 150).

Ob ein Rechtsanwalt befugt ist, in zwei aufeinander folgenden **Scheidungsverfahren** jeweils den anderen Ehegatten zu vertreten, hängt vom Einzelfall ab. Soweit Umstände aus dem ersten Scheidungsprozess für den folgenden von Bedeutung sein können, handelt es sich in beiden Verfahren um dieselbe Rechtssache, so dass sich ein Mandantenwechsel verbietet.[280] **Dagegen** hat das OLG Karlsruhe, StV **2003** 340, einen Interessenwiderstreit verneint, nachdem ein Rechtsanwalt, der zunächst beide Eheleute aufgrund gemeinsamen Auftrags zu den Voraussetzungen der übereinstimmend gewollten **einverständlichen Scheidung** sowie über einen **Unterhaltsanspruch** beraten

---

274 RGSt **14** 364, 379; *O. Geppert* Parteiverrat, S. 93; *Hartl*, S. 48 f; *Hübner* LK 10. Aufl. Rdn. 97.

275 *Rudolphi/Rogall* SK[7] Rdn. 7; *Kuhlen* NK[2] Rdn. 6; *Mennicke* ZStW **112** (2000) 834, 847 ff.

276 BGH NJW **1964** 2430; *Kuhlen* NK[2] Rdn. 19; *Tröndle/Fischer*[53] Rdn. 6; *Rudolphi/Rogall* SK[7] Rdn. 26.

277 OLG Düsseldorf NStE **3** zu § 356 StGB; *O. Geppert* Parteiverrat, S. 119 f; *Roesen* JW **1938** 650; *Rudolphi/Rogall* SK[7] Rdn. 26; *Schl Schröder/Cramer/Heine*[27] Rdn. 16; *Meyer* AnwBl. **2000** 80 f.

278 RGSt **66** 103, 104; BGHSt **18** 192, 193 f; *O. Geppert* Parteiverrat, S. 64; *Kalsbach* AnwBl. **1954** 191; *Rudolphi/Rogall* SK[7] Rdn. 33; *Welzel* Das deutsche Strafrecht[11], S. 525; eingehend: *Prinz* Parteiverrat, S. 186.

279 *Hübner* LK 10. Aufl. Rdn. 95, 98, 119; *Kalsbach* Standesrecht, S. 377; *O. Geppert* Parteiverrat, S. 111 f; *Rudolphi/Rogall* SK[7] Rdn. 33; s.a. *Schl Schröder/Cramer/Heine*[27] Rdn. 18.

280 BGHSt **18** 192, 194; zur grundsätzlichen Hinderung, in aufeinanderfolgenden Scheidungsverfahren den jeweils anderen Ehepartner zu vertreten, vgl. BGHSt **4** 80, 83; **9** 341, 345; **17** 305 f.

hatte, später einen Ehepartner im Unterhaltsverfahren vertrat. Das OLG ging davon aus, dass auch hinsichtlich der Unterhaltsforderung, die der Anwalt für die Ehefrau gegenüber dem Ehemann geltend machte, kein Interessenwiderstreit bestand. Ein bloßer Wechsel in den **Verfahrensrollen** bewirkt noch keinen Interessengegensatz, weil dieser materiell zu beurteilen ist.[281] Ein Rechtsbeistand, der eine Frau im **Sorgerechtsverfahren** gegen ihren Ehemann mit der Begründung vertreten hat, er habe sich sexuell an dem Kind vergangen, kann anschließend den Ehemann gegen den Vorwurf des Sexualdelikts nicht verteidigen.[282]

75 **Interessengegensätze im Strafverfahren**: Erstattung einer **Strafanzeige** und die anschließende Verteidigung des angezeigten Beschuldigten;[283] **sukzessive Verteidigung mehrerer Beschuldigter** (zulässig gem. § 146 StPO), wenn sich der Zweitmandant zum Nachteil des Erstmandanten verteidigen könnte;[284] Vertretung eines **Privatklägers** oder **Nebenklägers** nach vorangegangener Verteidigung des Beschuldigten in derselben Sache;[285] Privatklage gegen einen Beschuldigten, für den der Anwalt Beschwerde gegen einen Beschlagnahmebeschluss geführt hat (RGSt **71** 114); Verteidigung eines Beschuldigten und Beistandstätigkeit für einen **Zeugen**, der als Täter in Betracht kommt (OLG Zweibrücken NStZ **1995** 35f); Verteidigung eines früheren Zeugen gegen den Vorwurf einer Falschaussage, die im vorausgegangenen Strafverfahren gegen den von demselben Anwalt verteidigten Angeklagten den Freispruch beeinflusst hat; Verteidigung eines Beschuldigten und Beratung von **Opferzeugen** in derselben Rechtssache; Vertretung eines Verurteilten in einem **Wiederaufnahmeverfahren** und Verteidigung eines Zeugen gegen den Vorwurf einer Falschaussage, die zugleich den Wiederaufnahmegrund darstellt (BGHSt **5** 301, 302f); **Zeugenbeistandstätigkeit** für mehrere Zeugen mit Beratung über die Inanspruchnahme von Zeugnis- und Auskunftsverweigerungsrechten (§§ 52, 55 StPO), wenn die Zeugen wegen eigener Schadensersatzansprüche abweichende rechtliche Interessen am Verfahrensausgang haben; Verteidigung eines Straftäters und Durchsetzung von **Schadensersatzansprüchen** gegen denselben in derselben Rechtssache.[286]

76 Der Rechtsbeistand ist grundsätzlich nicht gehindert, einen **früheren Verfahrensgegner** zu beraten oder zu vertreten, solange nicht **dieselbe Rechtssache** im Streit ist. Die Prozessvertretung des Beklagten nach Beratung des Klägers oder umgekehrt, ist unzulässig (EGH **24** 28; **26** 102). Wenn der Beistand in einem **Kündigungsstreit** zunächst den Vermieter und in einem weiterem Verfahren – mit Bezug auf dieselbe Wohnung – den Mieter vertritt, so kommt es für die Identität der Rechtssache auf den konkreten Verfahrensgegenstand an (vgl. RGSt **58** 247). Allein die Tatsache, dass es sich in beiden Fällen um dieselbe Wohnung handelt, macht die Verfahrensgegenstände noch nicht zur selben Rechtssache mit **widerstreitenden Interessen**.

Die Vertretung des **Zedenten** als Kläger und anschließend des Schuldners als Zessionar gegen den Zedenten ist dem Rechtsbeistand untersagt (BayEGH **II** 214, 217). Gleiches gilt, wenn der Rechtsbeistand für den **Zessionar** Klage erhoben hat und anschließend den Zendenten gegen den Zessionar mit der Begründung vertritt, die

[281] *Kuhlen* NK[2] Rdn. 47; *Baumann/Pfohl* JuS **1983** 24, 28; *Rudolphi/Rogall* SK[7] Rdn. 30; *Tröndle/Fischer*[53] Rdn. 7.
[282] *Dahs* Handbuch[7], S. 58.
[283] BGHSt **3** 400, 401; **5** 284 f; RGSt **49** 343.
[284] Vgl. OLG Stuttgart NStZ **1990** 542 m. Anm. *K. Geppert*; OLG Zweibrücken NStZ **1995** 36 m. w. N.
[285] *Dahs* Handbuch[7], S. 56.
[286] BGH 4 StR 66/54 v. 10.3.1955; EGH **23** 109; **9** 122 f; *Kalsbach* AnwBl. **1954** 188.

Zession sei nichtig (EGH **8** 170). Der Berater des **Nachlassschuldners** darf gegen ihn auch im Namen des Testamentsvollstreckers keine Klage erheben (EGH **16** 213).

Der **Insolvenzverwalter** ist auch in seiner beruflichen Stellung als Rechtsanwalt nicht geeigneter Täter des § 356 (BGHSt **13** 231f; **45** 153; s.a. Rdn. 27). Wenn ein Rechtsanwalt als Insolvenzverwalter, **Testamentsvollstrecker** oder **Nachlassverwalter** für eine Partei tätig war, kann ein anschließender anwaltlicher Dienst für eine andere Partei trotz **widerstreitender Interessen** kein Parteiverrat sein. Auch im umgekehrten Fall, in dem der zunächst als Rechtsanwalt tätige Rechtsbeistand anschließend widerstreitende Interessen als Insolvenzverwalter etc. wahrnimmt, scheidet § 356 aus. Der Tatbestand verlangt, dass die widerstreitenden Interessen jeweils in Rechtsbeistandsfunktion wahrgenommen werden.[287] Berufsrechtlich ist dem Rechtsanwalt untersagt, in Angelegenheiten, mit denen er als Insolvenzverwalter, Testamentsvollstrecker oder Nachlassverwalter befasst war, gegen den Träger des von ihm verwalteten Vermögens vorzugehen, § 45 Abs. 1 Ziff. 3 BRAO. Dagegen kann ein Rechtsanwalt, der z.B. für den Insolvenzverwalter tätig ist, Parteiverrat begehen, indem er auch den Gemeinschuldner berät. Interessengegensätzlich ist ferner die Vertretung des Schuldners im Anfechtungsprozess nach Annahme eines Gläubigermandats zur Anfechtung[288] und der umgekehrte Fall. 77

Nach Beratung eines Schuldners zur Abgabe eines **Schuldanerkenntnisses** darf der Rechtsbeistand für Dritte keine Rechte aus dem Anerkenntnis geltend machen, auch nicht wenn der Schuldner insoweit einverstanden ist (RGSt **62** 289f; **71** 231, 242). Die **Überlassung von Strafakten** an die gegnerische Haftpflichtversicherung kann bedenklich sein, weil die Versicherung auch das Ziel verfolgt, der Akte Tatsachen zu entnehmen, um der Schadensersatzforderung zu begegnen. Zwischen der Versicherung und dem Versicherungsnehmer besteht grundsätzlich ein Interessengegensatz, der aber durch die Interessenbestimmung des Versicherungsnehmers überwunden werden kann. Der Versicherungsnehmer wird regelmäßig ein Interesse an der Weitergabe eines Aktenauszugs haben, um die Schadensabwicklung zu beschleunigen, zumal er weiß, dass die Versicherung die Akte in jedem Falle auch auf anderem Weg erhält und vor Aktenkenntnis nicht reguliert. Insoweit kann der Mandant den **Interessengegensatz** durch seinen Auftrag vollständig **beseitigen**[289] (vgl. auch Rdn. 29). 78

6. Anvertrauen einer Rechtssache

Der Tatbestand spricht von „anvertrauten Angelegenheiten in derselben Rechtssache". Die Frage, ob die „**Angelegenheiten**" und die „**Rechtssache**" gleichbedeutende[290] Begriffe sind oder die „Rechtssache" eine umfassendere Bedeutung[291] hat, ist unerheblich, weil für § 356 nur *Rechts*angelegenheiten von Belang sind. Rechtssachen sind alle rechtlichen Angelegenheiten, bei denen mehrere Beteiligte mit möglicherweise entgegengesetzten Interessen einander gegenüberstehen[292] (zu Rechtssache siehe Rdn. 87). 79

---

287 Vgl. *Kretschmer* Parteiverrat, S. 128.

288 EGH **29** 217; vgl. auch EGH **32** 12.

289 *Kretschmer* Parteiverrat, S. 269 ff.

290 So *Früh* Pflichtverletzung, S. 134; *O. Geppert*, Parteiverrat, S. 108.

291 *Münch* Praevarication, S. 61, Fn. 4; *Weimar* Parteiverrat, S. 37. Dafür sprechen die Grammatik und die Verwendung des Begriffs „Angelegenheiten" im Plural, so *Hübner* LK 10. Aufl. Rdn. 109.

292 RGSt **66** 316, 320; BGHSt **5** 301, 304; **18**, 192; OLG Düsseldorf NStZ-RR **1996** 298; *Rudolphi/Rogall* SK[7] Rdn. 18; *Sch/Schröder/Cramer/Heine*[27] Rdn. 11; *Tröndle/Fischer*[53] Rdn. 5.

80 a) Dem Täter muss die **Rechtssache** in seiner Eigenschaft als Rechtsbeistand **anvertraut** sein. Dazu ist nicht erforderlich, dass ihm besondere Geheimnisse oder Tatsachen mitgeteilt werden, die der Beistand auf andere Weise nicht erfahren hätte.[293] Es genügen jegliche Tatsachenmitteilungen, um den Rechtsbeistand in die Lage zu versetzen, die Mandanteninteressen wahrzunehmen.[294] Anvertraut ist eine Angelegenheit dem Beistand auch dann, wenn sie einem **Büromitarbeiter** des Anwalts oder einen **Gutachter** zur Interessenwahrnehmung übergeben werden.[295] Die Rechtsangelegenheit muss dem Beistand **„in dieser Eigenschaft"** anvertraut worden sein. Lehnt der Beistand die Übernahme des Mandats unverzüglich ab, fehlt es an einem **Anvertrauen**,[296] weil ein Vertrauensverhältnis nicht begründet wurde.[297] Eine schriftliche **Bevollmächtigung** des Beistands oder die Erteilung einer Klagebefugnis[298] ist nicht erforderlich. Dem Anwalt muss die Rechtssache zur Interessenwahrnehmung übertragen werden.[299] Das Vertrauensverhältnis muss mit dem Auftraggeber begründet werden.[300] Dazu genügt, dass der Mandant sich eines Vertreters oder Boten bedient, um dem Mandatar die Angelegenheit anzutragen. Nicht ausreichend ist, dass ein Dritter den Rechtsbeistand bittet, ein Mandat zu führen, von dem der Mandant keine Kenntnis hat. In diesem Falle kann aber zwischen dem Dritten und dem Beistand ein Mandatsverhältnis entstehen, das (auch) im **Interesse eines Dritten** geführt wird.[301] Eine Angelegenheit ist dem Rechtsbeistand auch in den Fällen anvertraut, in denen das Mandatsverhältnis durch Bestellung oder Beiordnung begründet wird. Das Anvertrauen **beginnt** in dem Zeitpunkt, in dem der Mandant berechtigterweise davon ausgehen kann, dass der Rechtsbeistand den Auftrag annimmt und die Angelegenheit ausschließlich im Mandanteninteresse führt. Um diese Einschätzung zu gewinnen, bedarf es einer ausdrücklichen oder schlüssigen Erklärung des Mandatars, in der Regel einer **Mandatsannahme**[302] (siehe Rdn. 84).

81 b) Die Begründung eines Mandatsverhältnisses, in dem einem Rechtsbeistand eine Rechtssache anvertraut wird, kann durch rechtsgeschäftlichen **Geschäftsbesorgungsvertrag** oder durch **amtliche Bestellung** erfolgen.[303] In den häufigen Fällen der Bestellung eines **Pflichtverteidigers** (§§ 140 ff, 117 Abs. 4, 138c Abs. 3 S. 4, 231a Abs. 4, 350 Abs. 3 StPO und § 60 OWiG) erfolgt die Beauftragung grundsätzlich durch Verfügung des Gerichtsvorsitzenden. Mit dem **Bestellungsakt** ist dem Rechtsbeistand die Sache noch nicht anvertraut. Das Anvertrauensverhältnis muss mit dem Mandanten begründet werden. Dazu genüge nicht, dass dem Rechtsanwalt gleichzeitig mit der Beiordnungsverfügung die Verfahrensakten übersandt werden. Der beigeordnete Rechtsanwalt muss zu erkennen geben, dass er die **Rechtsinteressen wahrnimmt**.[304] Dem steht

---

293 Vgl. RGSt **49** 342 f; BGHSt **18** 192 f.

294 Vgl. *Sch/Schröder/Cramer/Heine*[27] Rdn. 8; *Rudolphi/Rogall* SK[7] Rdn. 13; *Kuhlen* NK[2] Rdn. 15.

295 Vgl. *Rudolphi/Rogall* SK[7] Rdn. 13; *Hübner* LK 10. Aufl. Rdn. 115.

296 *Rudolphi/Rogall* SK[7] Rdn. 11; *Sch/Schröder/Cramer/Heine*[27] Rdn. 8.

297 In Betracht kommt jedoch die Verletzung von Privatgeheimnissen nach § 203 Abs. 1 Ziff. 3 StGB, weil sich der Geheimnisschutz auch auf das Mandatsanbahnungsverhältnis bezieht.

298 RGSt **62** 291.

299 Vgl. *Baier* wistra **2001** 401, 402.

300 OLG Köln StraFo **2002** 205 f.

301 Zum Begriffspaar Anvertrauen und Mandatsbegründung vgl. ausführlich *Prinz* Parteiverrat, S. 168 ff.

302 *Prinz* Parteiverrat, S. 173.

303 S. zu den Mandatsübernahmepflichten für den Rechtsanwalt § 48 f BRAO.

304 *Hübner* LK 10. Aufl. Rdn. 113 verlangt, dass sich der Rechtsbeistand der Sache „tatsächlich widmet".

nicht entgegen, dass der Mandant die Bestellung eines Pflichtverteidigers ablehnt oder zum bestellten Rechtsanwalt ein Vertrauensverhältnis nicht begründen will.[305]

c) „**Dieselbe Rechtssache**" liegt nicht nur bei Verfahrensidentität vor, sondern auch, wenn in verschiedenen Verfahren mit individuellen Zielrichtungen derselbe **Lebenssachverhalt** rechtlich von Bedeutung sein kann.[306] Dieselbe Rechtssache kann sich auf verschiedenen Rechtsgebieten auswirken.[307] Für die Identität der Rechtssache ist nicht erforderlich, dass die anvertraute Angelegenheit mit derjenigen des Gegners kongruent ist. Es genügt, wenn sich die Lebenssachverhalte in der Weise überschneiden, dass sie zumindest in Teilbereichen für den Mandanten und den Gegner übereinstimmend von rechtlicher Bedeutung sind.[308] Für die Gleichartigkeit der Rechtssache ist nicht entscheidend, ob es für den Auftraggeber oder den Gegner um denselben **Anspruch** geht (RGSt **30** 300) oder ob dasselbe Verfahren betroffen ist (BGHSt **34** 91; Baier wistra **2001** 403). Die **Identität der Rechtssache** ist unabhängig vom Gegenstand des Mandats. Die Beschränkung des Auftrags berührt das materielle Rechtsverhältnis nicht. Durch die Auftragserteilung können nur Inhalt und Grenzen des Parteiinteresses festgelegt werden.[309] 82

d) Wer von einem Rechtsbeistand nur eine **abstrakte Rechtsauskunft** verlangt, vertraut ihm noch **keine Rechtssache** an.[310] Zu einer Rechtssache gehört immer ein Lebenssachverhalt, der nach Rechtsgrundsätzen zu beurteilen ist. So ist mit einer abstrakten Frage nach den Verjährungsfristen im Kaufrecht noch keine Rechtssache unterbreitet. Aber schon die Auskunft, dass ein bestimmter Anspruch verjährt ist, bedeutet die Befassung mit einer Rechtssache. Ist diese Angelegenheit dem Rechtsbeistand anvertraut (und nicht nur eine unverbindliche Gefälligkeitserklärung, dazu Rdn. 84), so ist er an der Übernahme eines Kollisionsmandats gehindert. Die abstrakte Rechtsauskunft wird die Ausnahme sein, weil diese dem Rechtssuchenden regelmäßig nicht hilft. Von praktischer Bedeutung sind **Schulungen** oder **Beratungen von Unternehmensmitarbeitern**. Übernimmt es ein Rechtsanwalt, im Auftrag des Unternehmens Firmenmitarbeiter über Zeugenrechte und -pflichten oder das Verhalten bei Durchsuchungen zu unterrichten, so ist mit einer abstrakten Beratung eine Rechtssache noch nicht anvertraut. Derselbe Rechtsanwalt wäre durch § 356 nicht gehindert, einen Verantwortlichen des Unternehmens zu verteidigen. Aber schon Verhaltensvorschläge im Einzelfall (z. B. Empfehlung bezüglich eines Zeugnis- oder Auskunftsverweigerungsrechts, §§ 52, 55 StPO) kann die Angelegenheit zur Rechtssache machen, zumal die Interessen der Zeugen untereinander und im Verhältnis zum Beschuldigten gegensätzlich sein können.[311] 83

e) Eine **anvertraute Angelegenheit** ist von einer unverbindlichen **Gefälligkeit** zu unterscheiden. Die Abgrenzung kann im Einzelfall schwierig sein. Zum Anvertrauen 84

---

305 Zur rechtlichen Beurteilung des Bestellungsaktes bei entgegenstehendem Willen des Beschuldigten s. *Lüderssen* LK § 141 Rdn. 8, der insoweit entsprechend einer Geschäftsführung ohne Auftrag verlangt, dass der verpflichtete Rechtsanwalt mit dem Willen und im Interesse des Beschuldigten handeln muss.

306 RGSt **60** 298, 300; BGHSt **5** 301, 304; **9**, 341; **18**, 192.

307 S. die zahlreichen Beispiele bei *O. Geppert* Parteiverrat, S. 61 ff; *Hübner* LK 10. Aufl. Rdn. 122.

308 RGSt **60** 298, 300; BGHSt **15** 338; **18** 192; **34** 190 f; HansOLG Hamburg NJW-RR **2002** 61, 63; *Sch/Schröder/Cramer/Heine*[27] Rdn. 12; *Hübner* LK 10. Aufl. Rdn. 124; *Maurach/Schroeder/Maiwald* BT 2 § 78 Rdn. 7 f; *Kuhlen* NK[2] Rdn. 30; *Baumann/Pfohl* JuS **1983** 24 ff.

309 Zutreffend *Rudolphi/Rogall* SK[7] Rdn. 20; vgl. auch RGSt **60** 300; *O. Geppert* Parteiverrat, S. 71; *Hübner* LK 10. Aufl. Rdn. 126.

310 BGH 2 StR 382/53 v. 14. 5. 1954, S. 5; *Hübner* LK 10. Aufl. Rdn. 114.

311 *Dahs* Handbuch[7], S. 58 f.

genügt es nicht, dass der Mandant dem Rechtsbeistand die Angelegenheit vorträgt, ihm die Akten übergibt und ihn um die Wahrnehmung seiner Interessen bittet. Anvertraut ist eine Angelegenheit erst mit Begründung eines Vertrauensverhältnisses, regelmäßig mit der **Annahme eines Mandats.**[312] Der Beistand muss dem Auftraggeber zum Ausdruck bringen, dass er seine Sache als Rechtsbeistand in eigener Verantwortung übernehmen und sich in dieser Vertrauensstellung **binden will**. Die förmliche **Bevollmächtigung** und die Vereinbarung oder Geltendmachung einer **Vergütung** bestätigen regelmäßig den Bindungswillen des Rechtsbeistands. Dagegen kann aus dem Fehlen einer schriftlichen Vollmacht oder dem Verzicht auf eine Vergütung (im Ausnahmefall zulässig gem. § 49 b Abs. 1 S. 2 BRAO, § 21 BORA) nicht geschlossen werden, dass die Rechtssache nicht anvertraut sei. Einzelauskünfte im Bekanntenkreis oder telephonische Ratschläge außerhalb der beruflichen Sphäre sind regelmäßig bloße Gefälligkeiten.[313]

85 Dem Rechtsbeistand muss die Sache in seiner **tätertauglichen Eigenschaft anvertraut** worden sein. Wer eine Rechtssache in Ausübung einer täteruntauglichen Tätigkeit, z.B. außerhalb jeder Berufsbezogenheit, als Justitiar eines Unternehmens oder als Insolvenzverwalter, anvertraut erhielt, begeht keinen Parteiverrat, wenn er mit derselben Rechtssache später als Rechtsanwalt befasst ist.[314] Auch im umgekehrten Fall, indem der Rechtsbeistand aus seinem tätertauglichen Beruf in eine täteruntaugliche Funktion wechselt, handelt er nicht tatbestandsmäßig.[315] Ein Rechtsanwalt, der aus seiner freiberuflichen Tätigkeit in das Angestelltenverhältnis eines Justitiars wechselt und in seiner neuen beruflichen Funktion widerstreitende Interessen wahrnimmt, dient nicht als „Rechtsbeistand".[316] Dagegen ist der **Wechsel** von einer **Rechtsbeistandstätigkeit** in eine andere für die Tatbestandlichkeit unbeachtlich.[317] Ist einem Steuerberater eine steuerliche Angelegenheit anvertraut und wird der Berater später mit derselben Rechtssache in anwaltlicher Funktion betraut, darf er widerstreitende Interessen nicht vertreten, weil er in beiden Mandaten als Rechtsbeistand i. S. v. § 356 mandatiert war.

86 **f)** Die einem Rechtsbeistand **anvertraute Rechtssache** bleibt ihm auch nach **Beendigung des Mandats** anvertraut, solange sich aus der Angelegenheit noch rechtliche Folgerungen ergeben können (vgl. Rdn. 73). Nur im Ausnahmefall ist die anvertraute Sache mit dem Mandatsverhältnis identisch, so dass sie sich mit der Mandatsbeendigung erledigt.[318] Das Anvertrautsein i. S. v. § 356 **endet** mit der beruflichen Tätigkeit des Mandatars (ggf. mehrere Auftragnehmer in einer Sozietät) und geht nicht auf die Rechtsnachfolger des Rechtsbeistands über.[319]

---

[312] Zur Mandatsannahme als Voraussetzung des Anvertrautseins vgl. ausführlich *Kretschmer* Parteiverrat, S. 175 ff.

[313] Vgl. BGHSt **20** 40, 43; *Kuhlen* NK² Rdn. 16; *Pfeiffer* Festgabe Koch, S. 127, 230f; *Rudolphi/Rogall* SK⁷ Rdn. 16; *Sch/Schröder/Cramer/Heine*²⁷ Rdn. 5; zurückhaltender *Prinz* Parteiverrat, S. 43; s. a. *Baier* wistra **2001** 401, 402.

[314] Zum Anvertrauen in der Eigenschaft als Rechtsbeistand vgl. BGHSt **20** 41; BGHR § 356 RA 1.

[315] *Kretschmer* Parteiverrat, S. 128; s. a. Rdn. 77.

[316] S. dazu *Hübner* LK 10. Aufl. Rdn. 20.

[317] Vgl. *Hübner* LK 10. Aufl. Rdn. 20.

[318] Vgl. *Hübner* LK 10. Aufl. Rdn. 117, 119.

[319] Zu den beruflichen Pflichten und ihre Erstreckung auf Anwälte, die dem Mandatar in Sozietät oder in anderer Weise zur gemeinschaftlichen Berufsausübung verbunden sind, steht mit § 3 Abs. 2 BORA eine Satzungsneuregelung an, nachdem diese Vorschrift durch BVerfG NJW **2003** 2520 für nichtig erklärt wurde.

7. **Rechtssache**

„**Rechtssachen**" i. S. v. § 356 sind alle Rechtsangelegenheiten, bei denen mehrere Beteiligte mit möglicherweise entgegengesetzten Interessen einander gegenüberstehen. Ob der Betriff „Rechtssache" den möglichen Interessengegensatz beinhaltet (so die h. M.[320]) oder vom Interessengegensatz unabhängig definiert wird,[321] ist praktisch ohne Bedeutung.[322] Die Rechtssachen können **alle Bereiche** des **bürgerlichen** und **öffentlichen Rechts** betreffen,[323] einschließlich der Angelegenheiten des **Strafrechts** und des Ordnungswidrigkeitenrechts und der freiwilligen Gerichtsbarkeit.[324] Nicht erforderlich ist, dass die Angelegenheit nach Rechtsgrundsätzen *entschieden* werden soll.[325] Ausreichend ist, dass die Angelegenheit rechtlich relevant ist,[326] zumal bei Beratungsmandaten eine Entscheidung nicht anstehen muss. 87

a) Die Rechtssache kann **außergerichtlich** oder in einem **Prozess** geführt werden.[327] Ein *aktueller* Interessengegensatz ist nicht Voraussetzung. Das Erarbeiten von Gesellschaftsverträgen, Vergleichsvorschlägen etc. sind ebenso Rechtssachen wie rechtliche Beratungen.[328] **Konflikte rein tatsächlicher Art** ohne rechtlichen Bezug sind keine Rechtssachen. Wenn ein Rechtsbeistand lediglich Tatsachen feststellt und dokumentiert, Presseerklärungen abgibt, soweit diese nicht zu einer Mandatführung gehören, einen persönlichen Streit außerhalb einer Rechtsbeziehung nach den Regeln der Höflichkeit schlichtet etc., ist er nicht in rechtlichen Angelegenheiten tätig. Der Beauftragte wird insoweit auch nicht als *Rechts*beistand gebeten. 88

Beispiele für Rechtsachen: Zivilrechtliche und öffentlich-rechtliche Rechtsangelegenheiten aller Art (BGHSt **7** 17, 19; **12** 96 f; **17** 306; **18** 192), Strafsachen (BGHSt **5** 285, RGSt **49** 342, 344), Bußgeldsachen (BGHSt **13** 102, 110), Insolvenzsachen BGHSt **7** 17 f), Vollstreckungsschutzverfahren (BGHSt **15** 332 ff), berufsrechtliche Verfahren (BGHZ **44** 65), Verkehrsunfallsachen (BayObLG NJW **1995** 607), Scheidungsverfahren (BGHSt **9** 341, **17** 305); Angelegenheiten der freiwilligen Gerichtsbarkeit (RGSt **23** 60, 64; BGHZ **44** 65), Vertretungen im Gesellschaftsrecht (BGHSt **45** 148), Unfallsachen (BayObLG JR **1996** 254); Zwangsvollstreckungsverfahren (RG HRR **1939** Nr. 272); siehe weitere Beispiele zu „derselben Rechtssachen" Rdn. 92. 89

b) Der Rechtsbeistand muss beiden Parteien in **derselben Rechtssache** dienen. Eine Rechtssache erfasst die Angelegenheit **in jeder rechtlichen Beziehung**. Die Sachidentität ist materiell zu beurteilen und hängt nicht davon ab, dass die Angelegenheit rechtlich kontrovers beurteilt wird. Ohne Bedeutung ist ferner die Identität des **Streitgegenstands** im Sinne des Prozessrechts.[329] In welchem **Verfahrensstadium** und in welcher Verfahrensart sich die rechtlichen Belange der Angelegenheit realisieren, ist unerheb- 90

320 RGSt **66** 316, 320; BGHSt **5** 301, 304; **18**, 192; OLG Düsseldorf NStZ-RR **1996** 298; *Rudolphi/Rogall* SK[7] Rdn. 18; *Sch/Schröder/Cramer/Heine*[27] Rdn. 11; *Tröndle/Fischer*[53] Rdn. 5.

321 *O. Geppert* Parteiverrat, S. 50; *Hübner* LK 10. Aufl. Rdn. 121; vgl. *Otto* Jura **1986** 221 f.

322 *Kuhlen* NK[2] Rdn. 28.

323 BGHSt **7** 17,19; **18** 192; *Kuhlen* NK[2] Rdn. 29; *Tröndle/Fischer*[53] Rdn. 5.

324 *Hübner* LK 10. Aufl. Rdn. 122; *Otto* Grundkurs[7] § 98 Rdn. 30; *Rudolphi/Rogall* SK[7] Rdn. 18; *Kuhlen* NK[2] Rdn. 29.

325 So aber BGHSt **18** 192; BGH NJW **1960** 253; OLG Düsseldorf NStZ-RR **1996** 298; OLG Karlsruhe NJW **2002** 3501; *Rudolphi/Rogall* SK[7] Rdn. 18; *Lackner/Kühl*[25] Rdn. 5.

326 Zutreffend *Kuhlen* NK[2] Rdn. 29; *Hübner* LK 10. Aufl. Rdn. 121.

327 *Kuhlen* NK[2] Rdn. 29; *Sch/Schröder/Cramer/Heine*[27] Rdn. 11; *Lackner/Kühl*[25] Rdn. 5.

328 *Pfeiffer* Festgabe Koch, S. 131; *Kretschmer* Parteiverrat, S. 144.

329 *O. Geppert*, Parteiverrat, S. 60; *Prinz* Parteiverrat, S. 132 f; *Kretschmer* Parteiverrat, S. 162, 166; *Baier* wistra **2001** 401, 403; *Tröndle/Fischer*[53] Rdn. 5.

lich.[330] Die Identität der Rechtssache ist nach den Lebenssachverhalten in ihren rechtlichen Beziehungen zu beurteilen und nicht nach den im konkreten Fall daraus **abgeleiteten Ansprüchen.**[331] Ob es sich um eine identische Rechtssache handelt, ist durch Vergleich der Angelegenheiten festzustellen, die die Parteien dem Rechtsbeistand unterbreitet haben bzw. mit der eine Partei (soweit sie nicht Mandant ist) rechtlich betroffen ist. Für die Annahme „derselben" Rechtssache genügt **Teilidentität.**[332]

91 Die Parteien können den **Umfang** der **Rechtssache nicht beschränken.** Die rechtlichen Beziehungen eines Lebenssachverhalts bestehen unabhängig vom Parteiwillen.[333] Zur Disposition der Parteien stehen nur das Interesse und der Gegenstand des Mandats. Der Auftraggeber kann entscheiden, welche Interessen er verfolgen und auf welchem Weg er sie durchsetzen will. Der Inhalt der Rechtssache wird dadurch nicht berührt.[334]

92 **Beispiele für „dieselbe Rechtsache"**: Durchsetzung von Schadensersatzansprüchen eines verletzten Beifahrers gegen den Haftpflichtversicherer des Fahrers/**Unfall**verursachers und Strafverteidigung des Unfallverursachers (BayObLG JR **1996** 254 m. krit. Anm. *Ranft*); Geltendmachung von Ansprüchen gegen den Hauptschuldner und gegen den Ausfall**bürgen** (RG HRR **1935** Nr. 663); Vertretung des Drittschuldners in einem Prozess gegen den **Pfändungs**schuldner und Erwirken eines Pfändungs- und Überweisungsbeschlusses für den Gläubiger gegen den Drittschuldner (BayObLG NJW **1959** 2224; HansOLG Hamburg NJW-RR **2002** 63); Erwirken eines **Pfändungs-** und Überweisungsbeschlusses für den Gläubiger und Vertretung des Drittschuldners gegen die Klage des Gläubigers (BGH AnwBl. **1966** 397); Geltendmachung von Ansprüchen des Käufers gegen den Verkäufer wegen falscher Zusicherung und Anspruchstellung gegen den **Vermittler** (RG JW **1937** 2964); **Verteidigung** eines Verurteilten im Wiederaufnahmeverfahren und Verteidigung eines Zeugen gegen den Vorwurf der Falschaussage, die dieser in dem wieder aufzunehmenden Verfahren gemacht haben soll (BGHSt **5** 304); wechselseitige Vertretung der Ehepartner in zwei aufeinander folgenden **Scheidungs**verfahren, selbst bei einvernehmlichen Scheidungsanträgen (BGHSt **17** 305); Prozessführung für den Beklagten und Vertretung des Klägers im folgenden **Zwangsvollstreckungs**verfahren (RG HRR **1939** Nr. 272).

V. Rechtswidrigkeit

93 Die **Einwilligung** einer Partei kann das interessengegensätzliche Dienen nicht rechtfertigen, weil der Parteiverrat ein Universalrechtsgut schützt, das für die Parteien **nicht disponibel** ist.[335] Soweit die Parteien im Rahmen ihrer Interessenautonomie die

---

330 BGHSt **15** 338; **34** 190f; HansOLG Hamburg NJW-RR **2002** 61, 63; *Kretschmer* Parteiverrat, S. 162 ff; *Sch/Schröder/Cramer/Heine*[27] Rdn. 12; *Lackner/Kühl*[25] Rdn. 5.

331 RGSt **60** 300; *Maurach/Schroeder/Maiwald* BT 2 § 78 Rdn. 7; *Gutmann* AnwBl. **1963** 90; *Kretschmer* Parteiverrat, S. 165; *Rudolphi/Rogall* SK[7] Rdn. 19.

332 *Kretschmer* Parteiverrat, S. 174; *Prinz* Parteiverrat, S. 61; *Rudolphi/Rogall* SK[7] Rdn. 19.

333 *Aigner* Dieselbe Rechtssache, S. 45ff; *O. Geppert*, Parteiverrat, S. 71; *Schmidt-Leichner* NJW **1953** 430; *Kretschmer* Parteiverrat, S. 168f; *Prinz* Parteiverrat, S. 135.

334 *O. Geppert*, Parteiverrat, S. 71; *Hübner* LK 10. Aufl. Rdn. 126; *Rudolphi/Rogall* SK[7] Rdn. 20.

335 BGHSt **18** 192, 198; **15** 332, 337; OLG Karlsruhe NJW **2001** 3197 f; LG Hamburg AnwBl. **1980** 120 f; *Maurach/Schroeder/Maiwald* BT 2 § 78 Rdn. 15; *Lackner/Kühl*[25] Rdn. 9; *Rudolphi/Rogall* SK[7] Rdn. 8, 32; *Dahs* Handbuch[7], S. 75; *K. Geppert* JK **80** StGB § 356/1; *ders.* NStZ **1990** 542, 544; *Lackner/Kühl*[25] Rdn. 9; *Kuhlen* NK[2] Rdn. 64; zur möglichen Rechtfertigung, wenn man den Parteiverrat als untreueähnliches Delikt mit individualrechtlichem Rechtsgut auffasst, vgl. *Früh* Pflichtverletzung, S. 144; *Wolff* Parteiverrat, S. 119; *Münch* Praevarication, S. 230ff; dazu *Hübner* LK 10. Aufl. Rdn. 131.

Aufhebung des in der Rechtssache angelegten Interessen*gegensatzes* vereinbaren, liegt keine rechtfertigende Einwilligung, sondern ein tatbestandsausschließendes **Einverständnis** vor, so dass der Rechtsbeistand wegen der Interessenidentität nicht pflichtwidrig dient (zum Einverständnis Rdn. 56). Eine Rechtfertigung durch **Nothilfe** (§ 32) ist kaum denkbar. Der Rechtsbeistand kann sich regelmäßig nicht darauf berufen, er habe widerstreitende Interessen zum Nachteil seines früheren Mandanten vertreten müssen, um die redlichen Interessen des Folgemandanten wahrnehmen zu können.[336] Die Rechtfertigung wird schon daran scheitern, dass die Hilfe zugunsten der Partei auch durch einen bisher nicht beauftragten Rechtsbeistand geleistet werden kann. Entsprechendes gilt für den **rechtfertigenden Notstand** (§ 34). Vorausgesetzt wäre, dass das Interesse der schutzbedürftigen Partei dem durch § 356 geschützten Rechtsgut wesentlich überwiegt und die drohende Gefahr in der konkreten Situation nicht anders als durch Parteiverrat abgewendet werden kann.[337]

VI. Die innere Tatseite

1. Vorsatz

Der Täter muss vorsätzlich handeln. **Bedingter Vorsatz** genügt.[338] Die **fahrlässige** 94
Tatbegehung ist nicht strafbar,[339] kommt aber als **Berufsvergehen** in Betracht.[340] Der Täter muss wissen, dass er **Normadressat** und ihm eine **Rechtssache anvertraut** ist. Der Vorsatz muss sich auf die **Identität der Rechtssache** beziehen. Dazu gehören alle Umstände, die das materielle Rechtsverhältnis ausmachen, einschließlich der rechtlichen Bezüge des Lebenssachverhalts.[341] Der Rechtsbeistand muss die tatsächlichen Voraussetzungen kennen, die das **Interesse einer Partei** begründen, und den **Bedeutungsinhalt** des Parteiinteresses begreifen. Darüber hinaus muss er erkennen, dass die Parteiinteressen im **Widerstreit** stehen.[342] Zu den Vorsatzanforderungen bezüglich des Nachteils (§ 356 Abs. 2) siehe Rdn. 102.

2. Irrtum

a) Der Rechtsbeistand muss wissen, dass er **tauglicher Täter** i. S. v. § 356 ist. Dazu 95
genügt die Kenntnis, dass er die rechtlichen Belange seines Mandanten als unabhängiger Sachwalter wahrzunehmen hat. Nimmt er dagegen irrig an, geeignete Täter des § 356 seien nur Rechtsanwälte und er komme deshalb als Täter nicht in Betracht, so begreift er den Geltungsumfang der Norm als zu eng und unterliegt einem **Verbotsirrtum** i. S. v. § 17.[343] Dagegen begeht der Syndikus oder der angestellte Justitiar ein **Wahndelikt**, wenn er dem Gegner seines Unternehmers dient und irrig annimmt, er sei

---

336 BGHSt **34** 190, 193f m. Anm. *Dahs* JR **1987** 475.

337 BGHSt **34** 190, 194; s. a. *Kuhlen* NK² Rdn. 64; *Kretschmer* Parteiverrat, S. 280.

338 Einhellige Meinung vgl. z.B. BGHSt **3** 400, 403; RGSt **58** 247 f; *Lackner/Kühl*²⁵ Rdn. 8; *Otto* Grundkurs⁷ § 98 Rdn. 36; *Tröndle/Fischer*⁵³ Rdn. 14.

339 BGHSt **5** 301, 312.

340 Vgl. RGSt **71** 231, 237; *Kalsbach* Standesrecht, S. 409; *Henssler/Prütting/Eylmann*² BRAO § 43 a Rdn. 127 ff.

341 BGHSt **18** 192, 195; *Kretschmer* Parteiverrat, S. 295.

342 RGSt **60** 298, 300; BGHSt **3** 400, 402; **5** 287; **7** 22; **7** 261; BGHR § 356 I Pflichtw. 2; BGH GA **61** 203; *Kuhlen* NK² Rdn. 58; *Lackner/Kühl*²⁵ Rdn. 8; *Rudolphi/Rogall* SK⁷ Rdn. 34; *Tröndle/Fischer*⁵³ Rdn. 14; *Welzel* Das deutsche Strafrecht¹¹, S. 525.

343 *Hübner* LK 10. Aufl. Rdn. 146; *Kretschmer* Parteiverrat, S. 293; s. dazu Rdn. 99, 103.

auch bei Ausübung der weisungsabhängigen Dienstleistungen (vgl. Rdn. 15) Rechtsbeistand im Sinne des Parteiverrats.[344]

96 **b)** Nimmt der Täter irrig an, **Rechtssachen** i.S.v. § 356 seien nur Prozesssachen oder Strafsachen seien nicht erfasst, so unterliegt er einem **Subsumptionsirrtum**. Dagegen fehlt es am Vorsatz, wenn der Täter aus tatsächlicher Unkenntnis über die **Identität** der Rechtssache irrt. Wer sich nicht erinnert, dass er in derselben Angelegenheit schon einmal tätig war, handelt im **Tatbestandsirrtum**. Gleiches gilt, wenn der Täter in Kenntnis des Lebenssachverhalts die rechtlichen Bezüge der Sache nicht bekannt sind und ihm aus diesem Grunde die Rechtssachenidentität verborgen bleibt.[345] Wer dagegen in Kenntnis aller Tatumstände die rechtliche Tragweite der Norm verkennt und irrig annimmt Rechtssachenidentität könne es nur im selben Mandats- oder Prozessrechtsverhältnis geben, unterliegt einen **Verbotsirrtum**.[346]

97 **c)** Der Täter muss die **Interessen**, die sich widerstreitend gegenüberstehen, **sachverhaltlich** und in ihrer **Gegensätzlichkeit** erkannt haben (vgl. Rdn. 94). Wer das Interessen der Partei in seinen tatsächlichen Voraussetzungen oder seinem Bedeutungsgehalt nicht begreift, erliegt einem **Tatbestandsirrtum** (§ 16). Gleiches gilt, wenn der Rechtsbeistand die Gegensätzlichkeit der Interessen nicht erkennt, weil er sich z.B. an die Interessenrichtungen des früheren Mandats nicht mehr erinnert.[347] Es genügt nicht, dass sich dem Rechtsbeistand die Gegensätzlichkeit der Interessen „aufdrängen" mussten; er muss die Widersprüchlichkeit tatsächlich **erkannt** haben.[348]

98 **d)** Nach heutigem Verständnis ist die **Pflichtwidrigkeit** ein **normatives Tatbestandsmerkmal.**[349] Ob sich der Irrtum über die Pflichtwidrigkeit als **Tatbestandsirrtum** oder als **Verbotsirrtum** darstellt, hängt von der Fehlvorstellung des Beistands ab. Erkennt der Täter den Interessengegensatz aus tatsächlichen Gründen nicht oder bleibt ihm der Bedeutungsgehalt der Gegensätzlichkeit verborgen (dazu Rdn. 97), so erliegt er einem vorsatzausschließenden Tatbestandsirrtum.[350] Hat der Täter dagegen den Interessengegensatz zumindest nach der Parallelbeurteilung in der Laiensphäre erkannt und meint er gleichwohl, seine Beistandsleistung sei **nicht pflichtwidrig**, handelt er in einem Verbotsirrtum.[351] Dies gilt auch, wenn er irrig annimmt, die **Einwilligung** des Auftragsgebers in die Wahrnehmung widerstreitender Interessen wirke rechtfertigend.[352]

99 **e)** Der Täter handelt ohne **Schuld**, wenn er den **Verbotsirrtum** nicht vermeiden konnte (§ 17 S. 1). Bei **Vermeidbarkeit** handelt der Täter schuldhaft mit der Möglichkeit einer Strafmilderung nach § 17 S. 2 i.V.m. § 49 Abs. 1. An die **Unvermeidbarkeit**

---

344 *Hübner* LK 10. Aufl. Rdn. 146.

345 BGHSt **7** 261, 263; **18** 192, 195; *Kretschmer* Parteiverrat, S. 294 f; s. a. *Holz* Parteiverrat, S. 140; *Dingfelder/Friedrich* Parteiverrat, S. 90 f; *Hartl*, S. 77 f.

346 BGHSt **18** 192, 195; *O. Geppert* Parteiverrat, S. 139 ff; *Kuhlen* NK[2] Rdn. 59.

347 Vgl. BGHSt **4** 80, 85; **5** 301, 310 f; **18** 192, 200; BayObLG NJW **1995** 607; *Hübner* LK 10. Aufl. Rdn. 139 f; *Kuhlen* NK[2] Rdn. 60; *Sch/Schröder/Cramer/Heine*[27] Rdn. 23.

348 So zutreffend *Kuhlen* NK[2] Rdn. 60 gegen BayObLG JR **1996** 254, 256.

349 H.M. vgl. z.B. BGHSt **7** 261 u.d.w.N. bei Rdn. 55 Fn. 2.

350 BGHR StGB § 356 Abs. 1 Pflichtwidrigkeit **2**; BGHSt **4** 80, 84 f; **15** 332, 338; BGH GA 1961 203, 206 f; *Sch/Schröder/Cramer/Heine*[27] Rdn. 23; *Kretschmer* Parteiverrat, S. 296; *Kuhlen* NK[2] Rdn. 58.

351 BGHSt **5** 301, 310; **45** 148, 155 f; *Kuhlen* NK[2] Rdn. 58; *Rudolphi/Rogall* SK[7] Rdn. 34; *Baier* wistra **2001** 401, 407; *Sch/Schröder/Cramer/Heine*[27] Rdn. 24; *Tröndle/Fischer*[53] Rdn. 7; *Lackner/Kühl*[25] Rdn. 8; *Maurach/Schroeder/Maiwald* BT 2 § 78 Rdn. 16.

352 BGHSt **5** 301, 311; *Lackner/Kühl*[25] Rdn. 8; *Hübner* LK 10. Aufl. Rdn. 142 f.

des Verbotsirrtums werden insbesondere für den Rechtsanwalt hohe Anforderungen gestellt.[353] Die Unvermeidbarkeit ist unter Berücksichtigung der Fähigkeiten und Kenntnisse des Täters in der konkreten Tatsituation zu beurteilen. Entscheidend ist, inwieweit der Täter bei zumutbarer Anspannung seines Gewissens und seiner Erkenntnismöglichkeiten die Einsicht gewinnen konnte, Unrecht zu tun.[354] Bei Zweifeln ist dem Rechtsanwalt zuzumuten, den Rat der **Rechtsanwaltskammer** oder eines **erfahrenen Kollegen** einzuholen.[355] Gelangt der Rechtsbeistand nach sorgfältiger eigener Prüfung, nach Beiziehung eines erfahrenen Kollegen oder nach Einholung eines Rats bei der Rechtsanwaltkammer zu der Überzeugung, er dürfe in der konkreten Rechtsangelegenheit Beistand leisten, so ist der Verbotsirrtum unvermeidbar.[356] In Zweifelsfällen genügt es nicht, dass sich der Rechtsbeistand den ihm günstigsten Standpunkt zueigen macht und sich gegenteiligen Ansichten verschließt.[357]

VII. Schwerer Parteiverrat, Absatz 2

1. Absatz 2 qualifiziert[358] den **Grundtatbestand** des Parteiverrats zu einem **Verbrechen** § 12 Abs. 1), so dass auch der Versuch gem. § 23 Abs. 1 strafbar ist. Voraussetzung ist, dass der Rechtsbeistand im Einverständnis mit der Gegenpartei zum **Nachteil** der eigenen Partei handelt. Die Qualifikation ist der **Untreue ähnlich**, weil der Rechtsbeistand im Unterschied zu Absatz 1 zum Nachteil seiner Partei handeln muss. **Ein Schadenseintritt ist nicht vorausgesetzt** (vgl. Rdn. 102). **100**

Über die Voraussetzungen des § 356 Abs. 1 hinaus verlangt die Qualifikation, dass der Täter im **Einverständnis mit der Gegenpartei** handelt. Dazu müssen der Rechtsbeistand und der Gegner ein **gemeinsames Schädigungsbewusstsein** haben.[359] Bei der Gegenpartei soll von einem Schädigungsbewusstsein schon auszugehen sein, wenn diese die auf Schädigung gerichtete Beistandshandlung widerspruchslos entgegennimmt.[360] Mit Hinweis auf § 37 GmbHG meint der BGH (BGHSt **45** 148, 157), das Schädigungsbewusstsein sei bei dem (gutgläubigen) Geschäftsführer entbehrlich, wenn es bei den Gesellschaftern vorhanden ist. Entsprechend den Voraussetzungen des Absatzes 1, muss der Rechtsbeistand auch für den Qualifikationstatbestand beiden Parteien pflichtwidrig dienen.[361] Dagegen meint *Sch/Schröder/Cramer/Heine*[27] Rdn. 3, es sei nicht erforderlich, dass der Rechtsbeistand für beide Parteien tätig sei. Es genüge, wenn er im Einvernehmen mit der anderen Partei die Interessen seines **101**

[353] OLG Stuttgart NStZ **1990** 542; *Hartl*, S. 103; *Hübner* LK 10. Aufl. Rdn. 147; *Kuhlen* NK[2] Rdn. 65; *Kretschmer* Parteiverrat, S. 302 ff; *Dahs* NStZ **1991** 566.

[354] Vgl. BGHSt **4** 1, 5; **4** 236, 243; BGH NStZ **2000** 307, 309.

[355] BGHSt **18** 192, 197; **45** 148, 155 f; BGH AnwBl. **1962** 221 f; OLG Stuttgart NStZ **1990** 542; BayObLG JR **1996** 254; 256 m. abl. Anm. *Ranft* JR **1996** 256; *Dahs* JR **1987** 476 f; *Pfeiffer* Festgabe Koch, S. 133; ausf. zur Vermeidbarkeit des Verbotsirrtums für § 356 vgl. *Kretschmer* Parteiverrat, S. 302 ff.

[356] Vgl. BGHSt **18** 192, 197; **15** 332, 341; **5** 301, 207; s. a *Pfeiffer* Festgabe Koch, S. 133; *Dahs* NStZ **1991** 565 f; *ders.* Handbuch[7], S. 61.

[357] OLG Köln NJW **1996** 473.

[358] BGHSt **45** 148, 156; BGH StV **1988** 388; *Sch/Schröder/Cramer/Heine*[27] Rdn. 3; *Rudolphi/Rogall* SK[7] Rdn. 35; *Kretschmer* Parteiverrat, S. 313; *O. Geppert* Parteiverrat, S. 151; *Hübner* LK 10. Aufl. Rdn. 148, m. Hinw. zu der früheren Auffassung, nach der § 356 Abs. 2 ein von Absatz 1 unabhängiger Tatbestand sei.

[359] BGHSt **45** 146 f; BGH NStZ **1981** 479; *Pfeiffer* Festgabe Koch, S. 134; *Rudolphi/Rogall* SK[7] Rdn. 35.

[360] BGHSt **45** 148, 157; BGH 4 StR 530756 v. 24. 1. 1957; *Lackner/Kühl*[25] Rdn. 11.

[361] Vgl. z. B. OLG Stuttgart NJW **1986** 948; *Tröndle/Fischer*[53] Rdn. 4; *Kuhlen* NK[2] Rdn. 20; *Lackner/Kühl*[25] Rdn. 6.

Mandanten beeinträchtige.[362] Wer im Einverständnis mit der Gegenpartei zum Nachteil der eigenen Partei handelt, wird dem Gegner jedoch regelmäßig Beistand leisten,[363] zumal das Dienen auch durch ein Unterlassen begangen werden kann (zum Dienen durch Unterlassen vgl. Rdn. 33).

102 **2.** Über die Wahrnehmung widerstreitender Interessen hinaus muss der Täter für Absatz 2 zum **Nachteil** des Gegners handeln. Ein Nachteil liegt in jeder Verschlechterung der Rechts- oder Prozesslage.[364] Der Nachteil muss nicht **vermögensrechtlicher** Art sein.[365] Für die Vollendung des Tatbestands ist **nicht** erforderlich, dass der Nachteil **eingetreten** ist; es genügt, dass der Rechtsbeistand einen Nachteil zufügen will.[366] Noch ungeklärt ist die Frage nach der **Vorsatzintensität**, mit der der Nachteil gewollt sein muss. Nach einigen Ansichten soll genügen, dass der Rechtsbeistand den Nachteil mit bedingtem Vorsatz herbeiführt.[367] Dagegen verlangt *O. Geppert* Parteiverrat, S. 152, eine zielgerichtete Absicht, der Gegenseite zu schaden. Vorzugswürdig ist die Ansicht, die einen **bestimmten Benachteiligungswillen** verlangt.[368] Schon die Finalität der Tatbestandsfassung „zum Nachteil" spricht für eine erhöhte Vorsatzintensität. Die Qualifikation zum Verbrechen setzt einen gesteigerten Unrechtsgehalt im Verhältnis zum Grundtatbestand voraus. Da ein Nachteil als Tatbestandsvoraussetzung nicht eingetreten sein muss, genügt es für die Annahme eines Verbrechens nicht, dass der Täter den Eintritt eines möglicherweise geringen Rechtsnachteils nur billigend in Kauf nimmt.[369]

VIII. Schuld

103 Die Schuld kann infolge eines **Verbotsirrtums** ausgeschlossen oder vermindert sein. Fehlt dem Täter bei Begehung der Tat die Einsicht, Unrecht zu tun und war dieser Irrtum für ihn unvermeidbar, so handelt er ohne Schuld (§ 17 S. 1). Bei Vermeidbarkeit des Irrtums bleibt der Schuldvorwurf bestehen. Die Strafe kann jedoch nach § 17 S. 2 i.V.m. § 49 Abs. 1 gemildert werden. Insbesondere für Rechtsanwälte werden hohe Anforderungen an die **Unvermeidbarkeit** des Irrtums gestellt (siehe dazu Rdn. 99).

---

[362] Dagegen *Kretschmer* Parteiverrat, S. 310 f.

[363] Zutreffend *Kuhlen* NK² Rdn. 61.

[364] Allg. M. BGHSt **45** 148, 156; OLG Köln NStZ **1982** 382; *Tröndle/Fischer*⁵³ Rdn. 15; *Pfeiffer* Festgabe Koch, S. 134.

[365] *Hübner* LK 10. Aufl. Rdn. 151; *Rudolphi/Rogall* SK⁷ Rdn. 35.

[366] OLG Düsseldorf wistra **1989** 316; *Rudolphi/Rogall* SK⁷ Rdn. 32; *Sch/Schröder/Cramer/Heine*²⁷ Rdn. 26; *Kuhlen* NK² Rdn. 62; *Tröndle/Fischer*⁵³ Rdn. 15; *Pfeiffer* Festgabe Koch, S. 134; *Lackner/Kühl*²⁵ Rdn. 11; s. a. *Hübner* LK 10. Aufl. Rdn. 150 m. Hinw. auf die älteren gegensätzlichen Meinungen.

[367] *Lackner/Kühl*²⁵ Rdn. 11; *Sch/Schröder/Cramer/Heine*²⁷ Rdn. 26.

[368] BGH 4 StR 530/56 v. 24.1.1057; *Rudolphi/Rogall* SK⁷ Rdn. 35; *Hübner* LK 10. Aufl. Rdn. 151; *Dingfelder/Friedrich* Parteiverrat, S. 112 f; *Maurach/Schroeder/Maiwald* BT 2 § 78 Rdn. 19; *Kuhlen* NK² Rdn. 62; *Kretschmer* Parteiverrat, S. 312.

[369] Zur Rechtfertigung des erhöhten Vorsatzerfordernisses s. a. die Darstellung bei *Hübner* LK 10. Aufl. Rdn. 148–151 zur Entstehungsgeschichte der Qualifikation. Zur Frage, ob der **Nachteil** des Mandanten **ausgeschlossen** ist, wenn der Gegenpartei ein fälliger und einredefreier Anspruch auf das durch den Parteiverrat Erlangte zusteht, vgl. BGH NStZ **1981** 479, 480 (die so erlangte Schuldentilgung mindert (nur) das Erfolgsunrecht). *Kuhlen* NK² Rdn. 62 und *Kretschmer* Parteiverrat, S. 314 schließen insoweit den Willen aus, einen Nachteil herbeizuführen.

IX. Versuch. Vollendung

104 Die Tat ist mit dem ersten pflichtwidrigen „Dienst“, den der Rechtsbeistand dem Gegner in derselben Rechtssache leistet, **vollendet**[370] (zu den Konkurrenzen, wenn das Dienen aus mehreren Einzelakten besteht, vgl. Rdn. 106). Der Versuch des Vergehens nach § 356 Abs. 1 ist nicht unter Strafe gestellt. § 356 Abs. 2 enthält einen **Verbrechenstatbestand** (§ 12 Abs. 1), so dass der **Versuch** (§ 23 Abs. 1)[371] und die **versuchte Anstiftung** (§ 30 Abs. 1 i.V.m. § 356 Abs. 2) strafbar sind. Die Versuchsstrafbarkeit beginnt, sobald der Rechtsbeistand zu einem Dienst **zugunsten** des Interessen**gegners** unmittelbar ansetzt. Wenn die pflichtwidrige Diensthandlung z.B. in der Erstattung einer Strafanzeige gegen den früheren Mandanten besteht, so ist die Herstellung des Entwurfs der Anzeige noch eine straflose Vorbereitungshandlung.[372]

X. Teilnahme – notwendige

105 Der **Mandant**, der seinen Rechtsbeistand anstiftet, auch die Interessen des Gegners zu vertreten oder ihn beim pflichtwidrigen Dienen unterstützt, begeht **Anstiftung** (§ 26) bzw. **Beihilfe** (§ 27) nach den allgemeinen Regeln,[373] die auch für die Teilnahme Außenstehender gelten.[374] Der **Gegner**, der die parteiverräterischen Dienste lediglich entgegennimmt, bleibt als **notwendiger Teilnehmer** straflos.[375] Die nicht notwendigerweise aber doch regelmäßig mitwirkende Gegenseite wird anders als z.B. nach den Sonderregelungen der §§ 331ff strafrechtlich nicht erfasst. Die „notwendige“ Teilnahme wird nicht überschritten, wenn der begünstigte Gegner den von ihm beauftragten Rechtsanwalt für die Anwaltstätigkeit in angemessenem Umfang bezahlt.[376] Straflos bleibt auch, wenn sich die Gegenseite den parteiverräterischen Dienst lediglich zunutze macht.[377] Dagegen überschreitet der begünstigte Gegner den Rahmen der *notwendigen* Teilnahme, wenn er den Parteiverrat z.B. durch eine Sondervergütung für die Treulosigkeit fördert.[378] § 356 ist ein **echtes Sonderdelikt**,[379] so dass die Strafe für den Teilnehmer gem. § 28 Abs. 1 zu mildern ist.

---

370 *O. Geppert* Parteiverrat, S. 157; *Welzel* Das deutsche Strafrecht[11], S. 526; *Hübner* LK 10. Aufl. Rdn. 152.

371 BGH StV **1988** 388.

372 BGH 3 StR 73/55 v. 12.5.1955; *Kalsbach* Standesrecht, S. 384; **aA** *Münch* Praevarication, S. 252.

373 Dagegen meint *Kretschmer* Parteiverrat, S. 316 f, die verratene Partei könne sich in keinem Falle wegen Teilnahme strafbar machen. Dem steht entgegen, dass der Teilnehmer ein nichtdisponibles Rechtsgut angreift. Zur Unbeachtlichkeit des Einverständnisses in die Wahrnehmung widerstreitender Interessen vgl. Rdn. 56, 93.

374 Zur Teilnahme eines Rechtsanwalt durch den falschen Rechtsrat an einen Anwaltskollegen, dieser könne ein Mandat ohne strafrechtliche Bedenken übernehmen, vgl. BGH NJW **1992** 3047 f.

375 Vgl. RGSt **71** 114, 116; *O. Geppert* Parteiverrat, S. 159 f; *Hübner* LK 10. Aufl. Rdn. 153; *Kuhlen* NK[2] Rdn. 66 f; *Lackner/Kühl*[25] Rdn. 10; *Rudolphi/Rogall* SK[7] Rdn. 38; *Sch/Schröder/Cramer/Heine*[27] Rdn. 25; *Tröndle/Fischer*[53] Rdn. 16; *Welzel* Das deutsche Strafrecht[11], S. 526; s.a. *Kretschmer* Parteiverrat, S. 316 ff; ausführlich zur notwendigen Teilnahme *Roxin* LK vor § 26 Rdn. 32 ff.

376 RGSt **71** 114, 116; *Hübner* LK 10. Aufl. Rdn. 153; *Kuhlen* NK[2] Rdn. 67.

377 *Roxin* LK vor § 26 Rdn. 34.

378 RGSt **71** 114, 116; *Kuhlen* NK[2] Rdn. 67; *Pfeiffer* Festgabe Koch, S. 134; *Tröndle/Fischer*[53] Rdn. 16; *Welzel* Das deutsche Strafrecht[11], S. 526.

379 *Kuhlen* NK[2] Rdn. 66; *Lackner/Kühl*[25] Rdn. 10; *Rudolphi/Rogall* SK[7] Rdn. 37; *Sch/Schröder/Cramer/Heine*[27] Rdn. 25; *Tröndle/Fischer*[53] Rdn. 16; s. a. *Kretschmer* Parteiverrat, S. 317 ff.

XI. Konkurrenzen

106 Das Tatbestandsmerkmal „dienen" fasst mehrere Einzelakte, mit denen dasselbe widerstreitende Interesse gefördert wird, zu einer **tatbestandlichen Handlungseinheit** zusammen.[380] Innerhalb derselben Rechtssache kann der Parteiverrat durch mehrere selbstständige Handlungen verwirklicht werden, wenn der Rechtsbeistand verschiedenen Verfahrensgegnern mit unterschiedlichen Diensten Beistand leistet (**Realkonkurrenz**).[381] **Idealkonkurrenz** ist möglich mit **§ 203 Abs. 1 Nr. 3**, wenn der pflichtwidrige Dienst durch Geheimnisbruch geleistet wird (vgl. RG JW **1926** 1571); mit **§ 240** und **§ 253**, wenn der Rechtsbeistand seinen früheren Mandanten in derselben Rechtssache mit Drohung veranlasst, zugunsten des nachfolgenden Mandanten auf Rechte zu verzichten oder eine Forderung anzuerkennen (BGH 1 StR 186/59 v. 15.7.1959); mit **§ 246**, wenn der Rechtsbeistand dem Gegner ein Dokument überlässt, das er von seinem Mandanten zu treuen Händen erhalten hat (*Weimar* Parteiverrat, S. 59; *Hübner* LK 10. Aufl. Rdn. 156); mit **§§ 257, 261**, wenn der Beistand dem Gegner zum Nachteil des eigenen Mandanten hilft, die Tatbeute zu sichern oder zu verwerten; mit **§ 258**, wenn der Verteidiger einen in derselben Rechtssache Mitbeschuldigten zur Flucht verhilft;[382] mit **§ 263**, wenn der Dienst zugunsten des Gegners einen Prozessbetrug fördert (BGH 2 Str 417/58 v. 14.11.1958; mit **§ 266**, wenn die Wahrnehmung gegnerischer Interessen eine Vermögensbetreuungspflicht zum Nachteil des eigenen Mandanten verletzt (RGSt **69** 333, 335).

---

[380] *Welzel* Das deutsche Strafrecht[11], S. 526 („*ein* Dienen"); *Rudolphi/Rogall* SK[7] Rdn. 38; vgl. zu den Voraussetzungen der tatbestandlichen Handlungseinheit *Rissing-van Saan* LK vor §§ 52ff Rdn. 23 ff.

[381] Vgl. RG HRR **1938** 1214; *Hübner* LK 10. Aufl. Rdn. 155.

[382] Zur Idealkonkurrenz mit § 258 StGB s. a. RGSt **66** 316, 319.

Bei Fragen zur Produktsicherheit wenden Sie sich bitte an:
If you have any questions regarding product safety,
please contact:

Walter de Gruyter GmbH
Genthiner Straße 13
10785 Berlin
productsafety@degruyterbrill.com